Irmela Erckenbrecht

Zucchini

Irmela Erckenbrecht

Zucchini

Ein Erste Hilfe-Handbuch für die Ernteschwemme

In liebender Erinnerung für meinen Vater, Dr. Hermann Erckenbrecht, der von meinem neuen, völlig verwilderten Garten hörte und am nächsten Tag mit seinem Spaten vor der Haustür stand.

ISBN: 3-89566-121-x
© 1997: pala-verlag, Rheinstr. 37, 64283 Darmstadt
5. Auflage 1998
Alle Rechte vorbehalten
Lektorat: Ute Galter
Cartoons und Umschlagillustration: Renate Alf
Zettel-Zeichnungen: Sabine Hoff
Druck: Fuldaer Verlagsanstalt, Fulda

Inhalt

Kleiner Wink mit der Zucchinikeule 6

Danke schön! 8

Kurze Gebrauchsanweisung 9

Die Zucchini-Schwemme:
Diagnose und Behandlung 10

Appetitmacher:
Vorspeisen und Fitneß-Drinks 19

Flüssignahrung:
Schmackhafte Suppen 35

Frischzellenkur:
Knackige Zucchini-Salate 49

Kurztherapie:
Beilagen und kleine Speisen 61

Gelungene Operationen:
Zucchini mit verschiedenen Füllungen 77

Intensivkur:
Leckere Hauptgerichte 91

Langzeitpflege:
Eingelegtes und Eingemachtes 127

Süße Nachsorge:
Kuchen und Desserts 139

Autorin und Illustratorin 153

Rezepte von A bis Z 154

Rezepte nach Sachgruppen 158

Kleiner Wink
mit der Zucchinikeule

Seit dem triumphalen Einzug mediterraner Zucchinipflanzen in mitteleuropäische Kleingärten
kommt es Jahr für Jahr zu einer scheinbar unver-
meidlichen Ernteschwemme. Sie entsteht
durch vorfreudiges Aussäen ganzer Sa-
mentüten und die eifrige Pflege der jun-
gen, anfangs noch so zarten Pflänzchen, deren Ertrag immer wieder
gründlich unterschätzt wird. Denn
aus den kleinen Setzlingen werden
große, raumgreifende Pflanzen. Und
aus den herrlich großen, gelben Blüten wachsen Sommertag für Sommertag neue Früchte heran, so daß es bis
zum Gartenzaun gelb und grün durch die Blätter blitzt. Schon
bald sind die sattsam bekannten Rezepte ausprobiert, selbst
die entferntesten Bekannten mit großzügigen Geschenken
bedacht und die Mittel der traditionellen Küchenheilkunst aus-
gereizt.

Für alle, die sich in dieser kritischen Phase allein vom An-
blick ihrer prächtigen Zucchinikeulen erschlagen fühlen, ist
dieses *Erste Hilfe-Handbuch* gedacht. Schritt für Schritt stellt
es einen umfassenden Therapieplan vor. Acht Behandlungs-
stufen – von der knackigen Vorspeise bis zum cremigen Dessert – versprechen nicht nur baldige Erleichterung, sondern
auch eine überraschende Vielfalt an Gaumenfreuden.

Doch keine Angst vor Schmerz oder Skalpell. In diesem
Erste Hilfe-Kursus wenden wir nur die allersanftesten Metho-

den an. Schließlich sind wir stolz darauf, daß in der vegetarischen Küche kein Blut vergossen wird. Für unsere Vorspeisen, Suppen, Salate, Hauptgerichte, Konfitüren, Kuchen und Desserts braucht weder Mensch noch Tier zu leiden.

Zucchini besitzen nämlich zwei sehr große Vorzüge: Erstens sind sie knackig, saftig, kalorienarm und gesund, zweitens haben sie keinen ausgeprägten Eigengeschmack. Deshalb passen sie sich ganz problemlos den verschiedensten Zutaten und Geschmacksrichtungen an. Ob exotisch, salzig, sauer, scharf oder süß – der Phantasie vegetarischer Zubereitung sind kaum Grenzen gesetzt.

Auf diese Weise wird aus der Ernteschwemme der reinste kulinarische Genuß. Wer alle in diesem Buch versammelten Rezepte ausprobiert, läßt nach und nach 50 Kilo Zucchini im Kochtopf verschwinden. Und wer einmal auf den Geschmack gekommen ist, sieht dem nächsten Erntesommer nicht nur mit Gelassenheit, sondern mit echter Vorfreude entgegen.

In diesem Sinne: *Zucchini ahoi!*

Irmela Erckenbrecht

Danke schön!

Nach monatelangem Zucchini-Fieber fröhlich und putzmunter – das verdanke ich auch der kulinarischen Heilkunst freundlicher HelferInnen. Zum Rezeptblock griffen Martin Brenzel, Katrin Dietmann, Karin Eggers-Rueppel, Marieluise Erckenbrecht-Ledoux, Holger Karsten, Julia Otzelberger, Ursula Ränsch, Uta Rappold und Anna-Mai Weitz. Uwe Wedemeyer braute Orangenlikör und kletterte auf Vogelbeerbäume. Und Joseph Smith bewies als geduldiger Probeesser, daß selbst bei höchster Dosierung keine Zucchini-Vergiftung zu befürchten ist.

Kurze Gebrauchsanweisung

Alle Rezepte in diesem Buch sind für vier Personen berechnet. Statt vager Hinweise wie »vier mittelgroße Zucchini« finden sich in der Regel Angaben in Gramm und Kilogramm. Ob Sie eher größere oder kleinere Zucchini verwenden, kommt ganz auf Ihre jeweilige Vorratslage und Ihre persönlichen Vorlieben an. Viele Rezepte eignen sich deshalb auch zur schmackhaften Entsorgung versehentlich zu groß geratener Zucchini-»keulen«. Nur dort, wo es wirklich notwendig ist, kleine Zucchini zu verwenden, wird dies ausdrücklich erwähnt.

Wo es um geraspelte Zucchini oder andere kleinteilige Zutaten geht, kommt manchmal auch die praktische Maßeinheit der »Tasse« zum Einsatz, die aus der britischen und amerikanischen Küche stammt und in etwa 225 ml entspricht. Es empfiehlt sich, eine diesem Volumen entsprechende Tasse im eigenen Haushalt auszuspähen und von nun an als »Meßtasse« zu verwenden.

Bei den Gradangaben beim Backen bezieht sich der niedrigere Wert auf einen Heißluftherd, der höhere auf einen konventionellen Backofen.

Die Zucchini-Schwemme:
Diagnose und Behandlung

Cucurbita pepo var. giromontiini – so lautet der hochoffizielle botanische Name einer nichtrankenden Kürbisvarietät mit gurkenähnlichen Früchten, die in Frankreich und England »courgettes« und in Spanien »calabacinas« heißen. Die deutsche Bezeichnung »Zucchini« (sprich: [tsu'ki:ni]) kommt ebenso wie der schweizerische Name »Zucchetti« (sprich [tsu'keti]) aus dem Italienischen. Beides sind Verkleinerungsformen von »zucca« (»Kürbis«). Wie viele Mitglieder der Kürbisfamilie stammen die Zucchini aus den warmen Klimazonen Amerikas und kamen vor etwa 400 Jahren nach Europa, wo sich vor allem in Italien rasch eine große Fangemeinde bildete.

Multikulturelle Anfänge
Warum die Zucchini ausgerechnet in Italien auf Anhieb so erfolgreich waren, darüber können wir heute nur noch spekulieren. Der Überlieferung nach soll einer der ersten italienischen Forschungsreisenden in seinem Rucksack ein paar Samen mitgebracht haben. Jedenfalls ist der Anbau von Zucchini in der Poebene seit über 300 Jahren belegt. Ja, die Frucht wurde

so stark mit Italien verknüpft, daß sich entsprechende Legenden bildeten. Eine davon besagt, die Götter hätten den Bewohnern der Abruzzen die ersten Zucchinisamen anvertraut und ihnen eingeschärft, sie vor allen Fremden zu schützen, was ihnen auch gelang, bis die ersten Auswanderer einige Samenkörner mit nach Amerika nahmen. Aus der Küche Italiens sind die Zucchini jedenfalls heute nicht mehr wegzudenken. Und sicherlich lag es an den deutschen Reisenden, die begeistert aus ihren Italienurlauben nach Hause kamen, daß die knackig-grünen Früchte auch nördlich der Alpen immer mehr Anhängerinnen und Anhänger fanden.

In Amerika, seiner ursprünglichen Heimat, machten italienische Neuankömmlinge das Gemüse populär. Inzwischen ist es in den USA so beliebt, daß Jahr für Jahr unzählige Fans nach Harrisville im Bundesstaat New Hampshire pilgern. Beim dortigen Zucchini-Festival werden allsommerlich wahre Berge von Zucchini in Brote, Kuchen, Pfannkuchen, Marmeladen, ja sogar in Eiscreme verwandelt. Und aus allen Früchten, die nicht in den heiß umlagerten Kochtöpfen verschwinden, werden große und kleine Kunstwerke geschnitzt.

Aus der Begegnung der ersten Weißen mit den Ureinwohnern Amerikas, die längst vor der europäischen Besiedlung *Cucurbita pepo* kultivierten (in Peru seit nachweislich 8000 Jahren), stammen wohl auch die Berichte über die verschiedensten Heilwirkungen der Früchte. Demnach wurden sie gegen Geburtswehen, Zahnschmerzen und Schlangenbisse eingesetzt – mit welchem Erfolg, läßt sich heute nicht mehr sagen. Nach einer anderen Überlieferung lassen sich Warzen sehr wirksam bekämpfen, wenn sie bei Vollmond mit angeschnittenen Zucchini bestrichen und die Früchte anschließend in einem nach Norden gelegenen Feld begraben werden. Die Warzen sollen verschwunden sein, ehe sich die Zucchini in

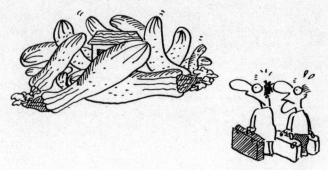

Humus verwandelt haben. Eines ist sicher: Wer diesen Ratschlag im späten Frühjahr befolgt, wird spätestens einen Monat später frische Zucchini ernten. Ein schöner Trost – auch wenn die Warzen bleiben!

Magisches Wachstum
Die klimatisch sehr anpassungsfähige Pflanze wächst nämlich trotz ihrer Herkunft auch bei uns so rasch und kräftig, daß es manchen wie Hexerei anmuten mag. Botanisch gesehen sind die Früchte übrigens Beeren – Aufbau und Struktur erinnern an Wein-, Stachel- oder Johannisbeeren. Es gibt hell- und dunkelgrüne, aber auch gelbe Früchte. In letzter Zeit werden bei uns auch weiße »UFO-Zucchini« angeboten, die auch unter dem Namen »Squash« gehandelt werden. Sie erinnern tatsächlich an Fliegende Untertassen und sehen gefüllt besonders schön aus. Da sie an nichtrankenden Pflanzen wachsen, werden sie trotz ihrer ungewöhnlichen Form zu den Zucchini gezählt. Zucchini sind ein echtes Schlankheitsgemüse: 100 g haben nur 20 kcal. Außerdem sind sie leicht verdaulich sowie reich an Calcium, Kalium, Provitamin A und Vitamin C.

Die Wuchsfreude der Zucchini hat ihre Licht- und Schattenseiten. Einerseits vermitteln die kräftigen Pflanzen selbst

Anfängerinnen und Anfängern Erfolgserlebnisse und Gärtner-
stolz. Andererseits können wir dem Erntesegen beim Wachsen fast zusehen. Aus niedlichen, fingerdicken Früchtchen
werden scheinbar über Nacht wahre Herkuleskeulen, und so
manche Freundschaft wurde schon auf eine harte Probe ge-
stellt, weil überforderte Hobbygärtnerinnen und -gärtner auf
keinem Sommerfest ohne Mitbringsel erscheinen, die auf den
ersten Blick an grüne Baseballschläger erinnern.

Genügsamer Anbau

Der wichtigste Grundsatz beim Anbau von Zucchini besteht
daher in der freiwilligen Selbstbeschränkung. Zwei Pflanzen
sind für einen Haushalt durchschnittlicher Größe Herausfor-
derung genug. Nur wer sehr gerne gefüllte Zucchiniblüten und
ähnliche blumige Leckereien ißt und vorhat, die Blüten regelmäßig abzuernten, hat guten Grund, sich eine zusätzliche
Pflanze zu genehmigen. Bewährt hat sich, jeweils eine Pflanze mit gelben und grünen Früchten zu setzen, und zwar in
einiger Entfernung voneinander, damit sie sich nicht gegensei-
tig befruchten können.

Am besten gedeihen Zucchini an einem sonnigen Plätzchen im Garten. Nachtschattengewächse wie Tomaten und
Kartoffeln mögen sie als Nachbarn nicht, dagegen vertragen
sie sich hervorragend mit Bohnen, Mais, Zwiebeln und vor
allem mit Kapuzinerkresse. Weil Zucchini Starkzehrer mit einem großen Nährstoffbedarf sind, graben wir ein großes Pflanz-
loch und mischen viel verrotteten Pferdemist oder Kompost
unter die Erde. Wenn wir die Pflänzchen ab Mitte April auf
dem Fensterbrett vorziehen, können wir sie nach den Eishei-
ligen gleich an die vorgesehene Stelle setzen. Ab Mitte Mai ist
auch Freilandaussaat möglich. Auf jeden Fall müssen wir be-
denken, daß eine ausgewachsene Zucchinipflanze mindestens

einen Quadratmeter Platz für sich beansprucht. Genügend Abstand ist auch wichtig, damit sie luftig steht und sich kein Mehltau entwickeln kann.

Empfehlenswert ist es, jeweils zwei Samen auszusäen (Saattiefe: 2 ½ cm) und später auf den stärksten Keimling zu vereinzeln. (Samen können übrigens von reifen Früchten gesammelt und bis zur nächsten Aussaat aufbewahrt werden.) Die Keimdauer beträgt fünf bis zwölf Tage. Der Boden sollte feucht gehalten werden, und da Zucchini sehr frostempfindlich sind, ist in kühlen Mainächten eine Abdeckung ratsam. Eine dicke Mulchdecke als Fußbodenheizung wirkt während der gesamten Gartensaison wahre Wunder. Sind alle diese Vorkehrungen getroffen, können wir uns gelassen zurücklehnen und auf den Erntesegen warten. Die Ernte dauert von Mitte oder Ende Juni bis zum ersten Frost, der selbst die prächtigste Zucchinipflanze welk in sich zusammenfallen läßt.

Leckere Vielfalt

Während des Sommers gilt es, die Zucchinipflanzen bei jedem Gartenbesuch in Augenschein zu nehmen und regelmäßig abzuernten. Am besten schmecken nämlich die zarten Babyfrüchte, in denen manche die sprichwörtlichen »grünen Daumen« begeisterter Gärtnerinnen und Gärtner versinnbildlicht sehen. Von einem eingeschworenen Kenner hörte ich, eine perfekte Zucchini dürfe nicht dicker sein als eine gute Zigarre. Für viele Gerichte sind 10 – 20 cm lange Zucchini am praktischsten. Wir schneiden sie mit einem Stück des Stielansatzes vorsichtig mit einem Messer ab. (Nicht knicken oder drehen, denn das kann Früchte und Pflanze verletzen!) Niemand braucht zu befürchten, durch häufiges Ernten an den Pflanzen Raubbau zu betreiben. Im Gegenteil: Je öfter wir ernten, desto mehr Früchte wachsen nach. Nur wenn wir die

Pflanzen sich selbst überlassen, bleibt es bei wenigen Früchten, die zu den gefürchteten Keulen heranwachsen.

Aber keine Angst, auch große Zucchini sind eßbar, und harte Schalen oder dicke Kerne lassen sich einfach entfernen. Wenn wir die Schale mit einem Kartoffelschäler in langen, dünnen Streifen abziehen, können wir damit sogar Salat- und andere Platten verzieren. Am besten eignen sich große Zucchini für alle Gerichte, in denen geraspeltes Fruchtfleisch verwendet wird. Aber auch blanchiert und mit einer leckeren Füllung versehen können sie für eine große Runde durchaus zum Augen- und Gaumenschmaus werden. Als Blickfang fürs Büffet lassen sich aus zu groß geratenen Zucchini originelle Salatschüsseln herstellen: Einfach die obere Hälfte abschneiden und dabei in der Mitte einen Henkel stehenlassen, dann aushöhlen, auswaschen, mit einer Zitronen-Öl-Mischung auspinseln und mit Salat oder einer Vorspeise füllen.

Eßbare Blüten

Außerdem können wir eine Art »natürliche Geburtenkontrolle« betreiben, indem wir die wunderschönen, knallig-gelben Blüten abkneifen und zu leckeren Gerichten verarbeiten. Zucchiniblüten haben einen sehr angenehmen, fruchtig-frischen Geschmack. Voll geöffnet können sie eine »Spannbreite« von mehr als 10 cm entwickeln, und ihre Blütenkelche sind bis zu 5 cm tief – ideal zum Füllen! Für alle Blütengerichte können wir männliche und weibliche Blüten verwenden. Der Unterschied ist ganz leicht zu erkennen: Männliche Blüten stehen auf langen, dünnen Stengeln, weibliche Blüten direkt auf dem Fruchtansatz. Die winzigen Babyfrüchte unter der weiblichen Blüte können wir mitpflücken und mitverwerten, denn sie schmecken ganz besonders zart und frisch. Nach dem Pflücken sollten Zucchiniblüten möglichst rasch verarbeitet werden. Dabei werden die Stempel herausgebrochen und die Blüten gründlich ausgewaschen. Bereits gefüllte Blüten lassen sich, in ein feuchtes Geschirrtuch eingeschlagen, problemlos im Kühlschrank einige Stunden aufbewahren.

Konservierte Frische

Wer Zucchini kaufen will, sollte sich für möglichst kleine Früchte entscheiden, deren glatte, glänzende Schale sich leicht mit dem Fingernagel einritzen läßt. Eine stumpfe, welke Schale

und weiches Fruchtfleisch deuten darauf hin, daß die Zucchini nicht mehr ganz so knackig sind.

Im Kühlschrank bleiben Zucchini eine Woche, gekochte Speisen mit Zucchini zwei bis drei Tage frisch. Zucchini lassen sich schlecht einfrieren, weil sie wegen des hohen Wassergehalts rasch matschig werden. Allerdings können wir geraspelte, mit Zwiebeln angedünstete und mit etwas Gemüsebrühe pürierte Zucchini einfrieren und später für Bratlinge oder Suppen verwenden. Die beste Methode zur Haltbarmachung ist das Einlegen; die meisten traditionellen Gurken- und Kürbisrezepte lassen sich ganz problemlos auf Zucchini übertragen. Von amerikanischen Freunden bekam ich den Tip, Zucchinischeiben im Backofen bei 50 – 60° C vier bis sechs Stunden zu dörren. Die sehr aromatischen getrockneten Scheiben eignen sich hervorragend zum Mitkochen in Eintöpfen, aber auch zum genüßlichen Knabbern. Auf diese Weise können wir uns bis in den Winter hinein an unserer Zucchiniernte freuen.

Unbegrenzte Möglichkeiten

Frische Zucchini lassen sich ganz leicht verarbeiten und brauchen – wenn sie nicht allzu groß sind – auch nicht geschält zu werden. Wir waschen sie einfach ab, entfernen Stiel- und Blütenansatz, und schon sind sie gebrauchsfertig. Zucchini harmonieren mit vielen Kräutern wie Dill, Basilikum, Rosmarin, Salbei, Estragon, Petersilie, Zitronenmelisse und Minze, aber auch mit Knoblauch und exotischen Gewürzen wie Curry, Kreuzkümmel usw. Sie lassen sich braten, kochen, dämpfen, backen, grillen, füllen... Wer es genauer wissen will, braucht bloß weiterzublättern!

Appetitmacher

Vorspeisen und Fitneß-Drinks

Appetithäppchen

500 g Zucchini
250 g Frischkäse
1 Zwiebel, fein gehackt
½ Bund Petersilie, fein gehackt
1 TL Dillsamen
½ TL Knoblauchsalz
1 Handvoll Gänseblümchen-, Borretsch- oder Kapuzinerkresseblüten

> Frisch, knackig, cremig – genau der richtige Auftakt für ein sommerliches Essen, aber auch eine Zierde für jedes Büffet.

Zucchini der Länge nach in Hälften schneiden und mit einem Fruchtausstecher aushöhlen. Mit Salz bestreuen und eine Viertelstunde stehenlassen. Frischkäse mit den anderen Zutaten (bis auf die Blüten) vermischen. Zucchinihälften mit einem Küchentuch trockentupfen, mit der Käsemasse füllen und in 2 – 3 cm breite Stücke schneiden. Mit den Blüten garnieren.

Zucchini-Chips

500 g Zucchini, in sehr dünne Scheiben geschnitten
1 Zitrone, ausgepreßt
etwas Weizenvollkornmehl
Öl zum Braten
Kräutersalz

Zucchinischeiben mit Zitronensaft beträufeln, einzeln in Mehl wälzen und portionsweise in heißem Öl goldbraun ausbakken. Abtropfen lassen, mit Kräutersalz bestreuen und noch warm servieren.

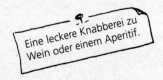

Eine leckere Knabberei zu Wein oder einem Aperitif.

Gefüllte Zucchiniblüten

8 – 12 große Zucchiniblüten
200 g Hüttenkäse
100 g Frischkäse
1 Tasse frische Kräuter (z. B. Schnittlauch, Kerbel,
   Zitronenmelisse, Oregano), fein gehackt
Kräutersalz
Pfeffer

Die Blüten gründlich waschen und die Stempel herausbrechen. Hüttenkäse, Frischkäse und Kräuter gut vermischen, mit Kräutersalz und Pfeffer kräftig würzen. Die Füllung mit einem Teelöffel in das Innere der Blüten drücken. Blütenblätter leicht zusammendrehen, um die Blüten zu verschließen. Dazu Vollkornbrot mit Butter – ein Vorspeisentraum!

Käse-Oliven-Reiter

400 g Zucchini, in 1 cm dicke Scheiben geschnitten
Kräutersalz
Pfeffer
Olivenöl zum Braten
200 g Schafskäse, gewürfelt
100 g schwarze Oliven, entkernt
Zahnstocher

Zucchinischeiben mit Salz und Pfeffer würzen und in Olivenöl von beiden Seiten braten. Auf ein Backblech legen und auf jede Scheibe einen Würfel Schafskäse geben. Bei 200 – 220° C etwa 15 Minuten überbacken. Mit Zahnstochern jeweils eine Olive aufstecken.

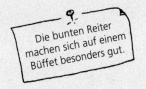

Die bunten Reiter machen sich auf einem Büffet besonders gut.

Zucchini-Sticks

½ Tasse Weizenvollkornmehl
4 EL Semmelbrösel
¼ TL Salz
1 TL getrocknetes Basilikum
1 Prise Pfeffer
500 g Zucchini, in fingerdicke Stifte geschnitten
Öl zum Ausbraten

Mehl, Semmelbrösel und Gewürze mischen und mit einer Tasse Wasser zu einem Teig anrühren. Zucchinistifte in den Teig tauchen, in reichlich heißem Öl von allen Seiten goldgelb ausbraten und heiß servieren.

Ausgebackene Zucchiniblüten mit Ziegenkäsefüllung

2 Eier
4 EL Weißwein
8 EL Wasser
1 ½ EL Olivenöl
6 – 7 gehäufte EL Weizenvollkornmehl
½ TL Salz
1 Prise geriebener Muskat
1 Spritzer Tabascosauce
8 – 12 Zucchiniblüten
150 – 200 g milder Ziegenfrischkäse
Öl zum Ausbacken

Eier trennen. Eigelb schaumig rühren, nach und nach Weißwein, Wasser, Olivenöl, Mehl und Gewürze zugeben und den Teig zugedeckt bei Zimmertemperatur einige Stunden ruhen lassen. Zucchiniblüten gründlich waschen und die Stempel herausbrechen. Käse mit einem Teelöffel in die Blüten drücken, die Blütenblätter darüber schließen und leicht verdrehen. Eiweiß sehr steif schlagen und vorsichtig unter den Teig rühren. Gefüllte Blüten in den Teig tauchen und in reichlich Öl knusprig-goldbraun ausbacken – eine Köstlichkeit!

Die ausgebackenen sind etwas aufwendiger als die rohen gefüllten Blüten, aber jede Mühe wert!

Zucchiniblüten italienisch

8 – 12 Zucchiniblüten
2 – 3 Knoblauchzehen, fein gehackt
2 – 3 EL Olivenöl
8 – 12 Zucchinischeiben (etwa 1 cm dick)
1 TL getrockneter Oregano
Salz
Pfeffer

Blüten sorgfältig waschen und Stempel entfernen. Knoblauch im erhitzten Öl glasig dünsten. Blüten und Zucchinischeiben dazugeben und etwa fünf Minuten von allen Seiten vorsichtig anbraten. Mit Oregano, Salz und Pfeffer würzen. Jeweils eine Blüte auf eine Zucchinischeibe legen und noch heiß mit frischem Vollkornbaguette servieren.

Zucchinischeiben mit Salbei

500 g Zucchini, in 1 cm dicke Scheiben geschnitten
1 Handvoll frische Salbeiblätter
3 – 4 EL Olivenöl
Salz
Pfeffer

Zucchinischeiben und Salbei im heißen Öl kroß anbraten und mit grobem Salz und Pfeffer kräftig würzen. Die Scheiben auf vier Tellern oder einer Platte anrichten und die Salbeiblätter darauf verteilen. Dazu frisch aufgebackenes Fladenbrot servieren.

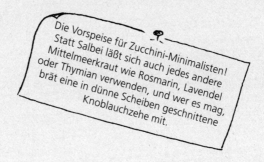

Die Vorspeise für Zucchini-Minimalisten! Statt Salbei läßt sich auch jedes andere Mittelmeerkraut wie Rosmarin, Lavendel oder Thymian verwenden, und wer es mag, brät eine in dünne Scheiben geschnittene Knoblauchzehe mit.

Artischocken mit zwei verschiedenen Zucchini-Dips

Eine effektvolle Vorspeise, in geselligen Runden besonders beliebt.

1 Zitrone, unbehandelt
4 Artischocken

In einen großen Topf mit kochendem Wasser gießen wir den Saft einer unbehandelten Zitrone und kochen darin vier Artischocken etwa 30 Minuten, bis sich die Blätter leicht ablösen lassen. Jede/r bekommt eine Artischocke, zupft die Blätter einzeln ab, taucht sie in die Dips und streift das zarte Fleisch mit den Zähnen ab. Anschließend entfernen wir das nicht eßbare »Heu« im Innern der Artischocken und genießen zum krönenden Abschluß die saftigen Artischockenherzen.

Grüner Zucchini-Dip

250 g Zucchini
4 EL Olivenöl
1 EL Zitronensaft oder Balsamico-Essig
1 – 2 Knoblauchzehen, zerdrückt
½ Bund frisches Basilikum, kleingezupft
Salz
Pfeffer

Alle Zutaten vermischen und im Mixer oder mit dem Pürierstab fein pürieren.

Roter Zucchini-Dip

150 g Zucchini, geraspelt
½ kleine Zwiebel, gehackt
1 Prise getrocknetes Basilikum
125 ml Tomatensaft
einige Spritzer Worcestersauce
1 TL Sojasauce
1 Prise Kräutersalz
80 g Frischkäse
1 EL Tomatenmark
einige Spritzer Tabascosauce

Alle Zutaten außer Frischkäse, Tomatenmark und Tabascosauce in einem kleinen Topf zehn Minuten leise köcheln lassen. Mit dem Frischkäse und dem Tomatenmark im Mixer oder mit dem Pürierstab fein pürieren und mit Tabascosauce abschmecken.

> Beide Dips eignen sich übrigens auch hervorragend für Rohkostplatten oder Gemüsefondues.

Grüner Kräutertrunk

300 g Zucchini
½ Bund Dill
4 Zweige Zitronenmelisse
1 Zitrone, ausgepreßt
Kräutersalz
Pfeffer
Vollrohrzucker
Cayennepfeffer oder einige Spritzer Jalapeñosauce
einige Spritzer Worcestersauce
1 Flasche Mineralwasser
8 Eiswürfel

Zucchini und Kräuter grob schneiden und mit dem Zitronensaft im Mixer oder mit dem Pürierstab fein pürieren. Mit den
Gewürzen abschmecken und in vier hohe Gläser gießen. Mit
Mineralwasser auffüllen, nochmals durchrühren, Eiswürfel
hineingeben und sofort servieren.

Die Jalapeñosauce ist eine grüne mild-scharfe
Chilisauce, die auf der gleichen Insel im
Mississippi-Delta hergestellt wird wie die sehr
viel schärfere Tabascosauce. Seitdem ich einmal
dort war und alle Produkte der altertümlichen
Saucenfabrik durchgekostet habe, verteile ich
sie großzügig über viele Gemüsegerichte und
hole mir regelmäßig aus einem gut sortierten
Gewürzladen ein neues grünes Fläschchen.

Morgen-Munter-Macher
(Tomaten-Zucchini-Drink)

½ l Tomatensaft
1 TL Worcestersauce
1 ½ TL Sojasauce
einige Spritzer Tabascosauce
½ TL Kräutersalz
150 g Zucchini, gewürfelt

Alle Zutaten im Mixer oder mit dem Pürierstab fein pürieren. Gut gekühlt und mit Eiswürfeln servieren.

Fitneß-Drink

250 g Zucchini, grob gewürfelt
1 kleine Zwiebel, grob gewürfelt
½ l Buttermilch
2 EL Zitronensaft
1 EL Dill, gehackt
½ TL Kräutersalz
ein Spritzer Tabascosauce
einige Dillzweige oder Borretschblüten

Zucchini und Zwiebel im Mixer oder mit dem Pürierstab zerkleinern, restliche Zutaten dazugeben und pürieren. In Gläser füllen und mit Dillzweigen oder Borretschblüten garnieren.

Flüssignahrung

Schmackhafte Suppen

Weiße Blütensuppe

½ kleine Zwiebel, gehackt
4 EL Butter oder Margarine
400 g Zucchiniblüten, grob geschnitten
1 Prise Salz
1 Prise Zimt
3 Tassen Milch
1 EL Mehl
3 Eigelb
300 ml saure Sahne
2 EL Vollrohrzucker

Zwiebel in zwei Eßlöffel Butter oder Margarine glasig dünsten. Blüten kurz mitdünsten lassen. Salz und Zimt zugeben und Milch angießen. Restliche Butter oder Margarine mit Mehl verkneten, in die Suppe rühren und aufkochen lassen. Eigelb und saure Sahne verquirlen, Suppe vom Herd nehmen und die Eiersahne unterziehen. Suppe mit Zucker abschmecken.

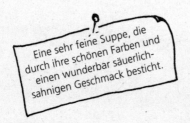

Eine sehr feine Suppe, die durch ihre schönen Farben und einen wunderbar säuerlich-sahnigen Geschmack besticht.

Spinat-Zucchini-Creme

1 Zwiebel, grob gehackt
500 g Zucchini, gewürfelt
2 EL Öl
150 g Spinat
1 Kartoffel, geschält und gewürfelt
1 EL Petersilie, gehackt
1 l Gemüsebrühe
200 g Schlagsahne
Salz
Pfeffer

Zwiebel und Zucchini im Öl dünsten, bis die Zwiebel glasig ist. Spinat, Kartoffel, Petersilie und Brühe zugeben und etwa 20 Minuten köcheln lassen. Im Mixer oder mit dem Pürierstab pürieren. Sahne einrühren, nicht mehr kochen lassen und mit Salz und Pfeffer abschmecken.

Zucchini-Apfel-Suppe

1 Zwiebel, gehackt
1 Apfel, gewürfelt
¼ l Weißwein
1 ½ TL Currypulver
¾ l Gemüsebrühe
4 EL Reis
300 g Zucchini, gewürfelt
4 EL Milch oder Schlagsahne

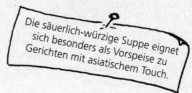

Die säuerlich-würzige Suppe eignet sich besonders als Vorspeise zu Gerichten mit asiatischem Touch.

Zwiebel und Apfel im Weißwein weich dünsten und mit Curry bestreuen. Brühe zugießen, Reis und Zucchini zugeben und etwa 20 Minuten garen lassen. Im Mixer oder mit dem Pürierstab pürieren. Milch oder Sahne unterrühren.

Minestrone

50 g Trockenbohnen, am Vortag eingeweicht
½ Tasse Reis
1 kleine Zwiebel, gehackt
1 kleine Stange Lauch, in feine Streifen geschnitten
1 Knoblauchzehe, zerdrückt
50 g Sellerie, fein gewürfelt
1 kleine Möhre, in Scheiben geschnitten
1 EL Olivenöl
1 l Gemüsebrühe
2 Stengel Selleriegrün oder Liebstöckel, gehackt
1 Kartoffel, geschält und gewürfelt
150 g Wirsingkohl, in Streifen geschnitten
200 g Zucchini, in Scheiben geschnitten
100 g Erbsen
½ Bund Petersilie
50 g Parmesan, frisch gerieben

Bohnen im Einweichwasser etwa 20 Minuten kochen. Reis in 1 ½ Tassen Wasser garen. Zwiebel, Lauch, Knoblauch, Sellerie und Möhre im Olivenöl andünsten. Brühe, Selleriegrün oder Liebstöckel, Bohnen und restliches Gemüse zugeben und 20 Minuten kochen lassen. Zuletzt Reis und Petersilie unterrühren.

> Der italienische Klassiker wird mit frisch geriebenem Parmesan serviert, den sich jede/r selbst über die Suppe streuen kann.

Kalte Zucchini-Joghurtsuppe

400 g kleine Zucchini
1 unbehandelte Zitrone
800 g Joghurt
⅛ l Gemüsebrühe
1 Knoblauchzehe, zerdrückt
Kräutersalz
Pfeffer
1 Bund Zitronenmelisse, fein gehackt

DIE Erfrischung an einem heißen Sommertag!

Zucchini der Länge nach in dünne Scheiben und dann quer in sehr schmale Streifen schneiden. Zitrone dünn schälen und auspressen. Joghurt mit Brühe und Knoblauch verrühren, mit Salz, Pfeffer und Zitronensaft würzen. Zucchinistifte unterrühren, mit Zitronenmelisse bestreuen und mit der Zitronenschale verzieren.

Leichte Zucchinisuppe

1 große Zwiebel, gehackt
2 Knoblauchzehen, zerdrückt
800 g Zucchini, fein gewürfelt
2 EL Öl
¾ l Gemüsebrühe
2 TL Weizenvollkornmehl
1 Eigelb
⅛ l Milch
1 Bund Dill
2 Zweige frischer Estragon
Salz
Pfeffer
Muskat

Eine leichte Sommersuppe mit feinwürzig-kräftigem Geschmack.

Zwiebel, Knoblauch und zwei Drittel der Zucchini im Öl glasig dünsten. Gemüsebrühe zugießen und etwa zehn Minuten köcheln lassen. Restliche Zucchini zugeben und noch weitere drei Minuten kochen. Mehl mit wenig Wasser verrühren, in die Suppe geben, noch einmal aufkochen lassen und vom Herd nehmen. Eigelb und Milch verquirlen, mit den Kräutern unter die Suppe geben und mit Salz, Pfeffer und Muskat würzen.

Tomatensuppe mit Zucchini

1 Zwiebel, gehackt
2 Knoblauchzehen, zerdrückt
1 EL Olivenöl
600 g reife Tomaten, überbrüht, geschält und gewürfelt
½ l Gemüsebrühe
100 g saure Sahne
2 EL Tomatenmark
Salz
Pfeffer
Vollrohrzucker
400 g Zucchini, grob geraspelt

Zwiebel und Knoblauch im Öl glasig dünsten. Tomaten dazugeben und einige Minuten schmoren lassen. Gemüsebrühe, saure Sahne und Tomatenmark zugeben und mit Salz, Pfeffer und Zucker abschmecken. Von den Zucchiniraspeln vier Eßlöffel zurückbehalten. Die restlichen Raspeln in die Tomatensuppe geben und drei bis vier Minuten mitkochen lassen. Die Suppe mit den rohen Zucchiniraspeln bestreuen und sofort servieren.

Gazpacho
(Kalte Gemüsesuppe)

1 gelber Paprika
200 g Zucchini
100 g Möhren
1 – 2 Stangen Staudensellerie
80 g Gurke
1 Zwiebel
¾ l Tomatensaft
1 ½ TL Worcestersauce
2 TL Sojasauce
¼ TL Tabascosauce
2 EL Olivenöl
Salz

Wer im Garten Borretsch hat, kann das Farbenspiel dieser bunten Sommersuppe mit einer Handvoll eßbarer blauer Blüten vervollkommen.

Gemüse sehr fein würfeln. Tomatensaft mit Saucen und Öl vermischen und mit Salz abschmecken. Über das Gemüse gießen und über Nacht durchziehen lassen. Gut gekühlt servieren.

Zucchini-Linsensuppe mit Zitrone

1 Tasse Linsen
6 Tassen Gemüsebrühe
1 unbehandelte Zitrone
1 Zwiebel, gehackt
2 Knoblauchzehen, zerdrückt
3 EL Olivenöl
1 Kartoffel, geschält und gewürfelt
1 Tasse Sellerie, gewürfelt
½ TL schwarzer Pfeffer
1 Tasse Zucchini, gewürfelt
1 TL Koriander, gemahlen
½ TL Kreuzkümmel, gemahlen
¼ Tasse Korianderblätter, gehackt
¼ Tasse Petersilienblätter, gehackt
Salz

»If you still eat animals – try this!« Unter diesem Motto verteilte ein exzentrisch gekleideter Tierschützer in Tampa/Florida auf einer belebten Kreuzung vegetarische Rezepte an die staunenden Autofahrer. Als ich mich durchs offene Autofenster als Vegetarierin aus Deutschland zu erkennen gab, lachte er und sagte: »There are kindred souls everywhere.« Verwandte Seelen gibt es überall... Recht hat er! Und seine Zucchini-Linsensuppe mit Zitrone schmeckt einfach wunderbar.

Linsen in der Gemüsebrühe eine halbe Stunde köcheln lassen. Zitrone auspressen und Schalenhälften aufbewahren. Zwiebel und Knoblauch im Öl glasig dünsten, Kartoffel, Sellerie und Pfeffer zugeben und einige Minuten mitdünsten lassen. Ausgepreßte Zitronenhälften und Gemüsemischung zu den Linsen geben und weitere zehn Minuten köcheln. Nun Zucchini, Koriander und Kreuzkümmel zugeben und noch einmal zehn Minuten kochen. Zum Schluß Zitronenhälften herausnehmen, Kräuter unterrühren und mit Salz und Zitronensaft abschmecken.

Martins Zucchinicreme

600 g Kartoffeln, geschält und grob gewürfelt
600 g Zucchini, grob gewürfelt
1 Zwiebel, gehackt
1 EL Butter oder Margarine
2 Knoblauchzehen, zerdrückt
3 EL Tomatenmark
1 Prise Vollrohrzucker
150 ml Schlagsahne
Salz
Gemüsebrüheextrakt

Kartoffeln und Zucchini in einem halben Liter Salzwasser garen. Zwiebel in der Butter oder Margarine dünsten und zum Gemüse geben. Knoblauch, Tomatenmark, Zucker und Sahne einrühren. Im Mixer oder mit dem Pürierstab pürieren. Die Suppe mit Salz und Gemüsebrüheextrakt abschmecken und auf der ausgeschalteten Platte noch etwa zehn Minuten durchziehen lassen.

Karins Raspelsuppe

1 Zwiebel, gehackt
1 EL Butter oder Margarine
1 EL Weizenvollkornmehl
1 l Gemüsebrühe
150 g saure Sahne
1 Eigelb
einige Zweige Dill, gehackt
1 Knoblauchzehe, zerdrückt
2 mittelgroße Zucchini, grob geraspelt

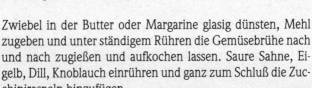

Der harmonische Gegensatz von sahniger Grundlage und frischen Zucchiniraspeln verleiht dieser leckeren Suppe ihren besonderen Reiz.

Zwiebel in der Butter oder Margarine glasig dünsten, Mehl zugeben und unter ständigem Rühren die Gemüsebrühe nach und nach zugießen und aufkochen lassen. Saure Sahne, Eigelb, Dill, Knoblauch einrühren und ganz zum Schluß die Zucchiniraspeln hinzufügen.

Zucchini-Eintopf

2 Zwiebeln, grob gewürfelt
1 Knoblauchzehe, zerdrückt
4 Eßlöffel Olivenöl
400 g Zucchini (möglichst jeweils zur Hälfte
  grün und gelb), gewürfelt
1 roter Paprika, gewürfelt
1 kleinere Aubergine, gewürfelt
1 l Gemüsebrühe
500 g Tomaten, geschält und zerdrückt
2 Lorbeerblätter
1 TL Kräuter der Provence
150 g Vollkornnudeln
3 Eßlöffel Tomatenmark
einige Spritzer Tabascosauce
Kräutersalz

Zwiebeln und Knoblauch im Öl glasig dünsten. Zucchini, Paprika und zuletzt die Aubergine mitdünsten lassen. Brühe, Tomaten, Lorbeerblätter, Kräuter und Nudeln zugeben und etwa zwölf Minuten kochen, bis die Nudeln gar sind. Mit Tomatenmark, Tabascosauce und Kräutersalz abschmecken. Dazu schmeckt frisches Fladenbrot.

Frischzellenkur

Knackige Zucchini-Salate

Bunter Sommersalat

500 g gelbe und grüne Zucchini
1 Apfel
1 Möhre
200 g Joghurt
2 EL Öl
1 EL Senf
1 Bund Schnittlauch, gehackt
2 Zweige Zitronenmelisse, gehackt
Kräutersalz
Zitronensaft

Zucchini, Apfel und Möhre grob raspeln. Die restlichen Zutaten zu einer Sauce verrühren, unter den Salat ziehen und sofort servieren.

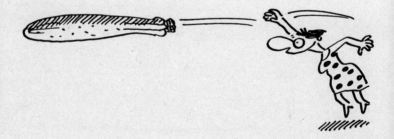

Gurken-Zucchini-Salat

500 g Zucchini, fein gehobelt
1 Salatgurke, fein gehobelt
1 TL Salz
1 TL Dillsamen
1 EL Essig
Pfeffer
1 Zwiebel, in dünne Ringe geschnitten
150 – 200 ml saure Sahne

Alle Zutaten außer Zwiebel und Sahne vermischen und im Kühlschrank eine halbe Stunde durchziehen lassen. Zwiebelringe und saure Sahne unterziehen und gut gekühlt servieren.

Reissalat

1 Tasse Vollkornreis
1 TL Gemüsebrüheextrakt
1 Lorbeerblatt
1 TL Fenchelsamen, zerstoßen
250 g gelbe und grüne Zucchini, grob geraspelt
1 Bund Radieschen, in feine Stifte geschnitten
1 kleine Zwiebel, gehackt
1 TL Senf
1 EL Essig
1 EL Öl
3 EL Tomatensaft

Reis mit 2 ½ Tassen Wasser, Gemüsebrüheextrakt, Lorbeerblatt und Fenchelsamen 40 Minuten oder nach Packungsangabe garen, abkühlen lassen und mit Zucchini und Radieschen mischen. Alle übrigen Zutaten zu einem Dressing verrühren, unter den Salat heben und einige Stunden durchziehen lassen.

Geknofelter Zucchini-Champignon-Salat

*400 g kleine Zucchini,
   in dünne Scheiben geschnitten
Saft und abgeriebene Schale
   einer unbehandelten Zitrone
3 Knoblauchzehen, zerdrückt
3 EL Öl
Salz
Pfeffer
150 g Champignons, feinblättrig geschnitten
½ reife Avocado*

DER Renner für unerschrockene Knobifans!

Zucchini mit kochendem Wasser übergießen, fünf Minuten stehen lassen, auf einem Sieb abtropfen lassen und in eine Schüssel geben. Zitronensaft und -schale, Knoblauch, Öl, Salz und Pfeffer vermischen und über die Zucchini geben. Zum Schluß die Avocado fein würfeln und sofort zusammen mit den Champignons unterheben. Den Salat abkühlen und durchziehen lassen.

Zucchini-Zitronen-Salat

3 EL Butter oder Margarine
500 g Zucchini, in dünne Scheiben geschnitten
1 roter Paprika, in dünne Streifen geschnitten
1 kleine Zwiebel, in dünne Ringe geschnitten
1 Knoblauchzehe, zerdrückt
1 große Tomate, enthäutet und fein gewürfelt
½ TL Oregano
½ Bund frische Petersilie
1 Zitrone, geschält und quer in hauchdünne
    Scheibchen geschnitten
1 EL Balsamico-Essig
Salz
Pfeffer

Nacheinander in jeweils einem Eßlöffel Butter oder Margarine in einer Pfanne erst die Zucchini, dann die Paprika und schließlich die Zwiebel mit dem Knoblauch weichdünsten und in eine Schüssel geben. Zum Schluß noch die Tomate mit dem Oregano kurz in der Pfanne wenden und zu der Gemüsemischung geben. Mit Petersilie, Zitronenscheibchen und Essig vermischen und zugedeckt mindestens eine Stunde ziehen lassen. Vor dem Servieren mit Salz und Pfeffer abschmecken.

Zucchini-Artischocken-Salat

4 Artischocken, vom Stiel befreit
½ Zitrone, ausgepreßt
250 g Zucchini, gewürfelt
200 g braune Champignons, gewürfelt
2 – 3 EL schwarze Oliven, entkernt und gehackt
3 getrocknete, eingelegte Tomaten, fein gehackt
½ Bund frischer Oregano, fein gehackt
1 TL frische Thymianblättchen
2 EL Olivenöl
1 EL Balsamico-Essig
1 Knoblauchzehe, zerdrückt
1 TL Kräutersalz

Artischocken in einem großem Topf knapp mit Wasser bedek-
ken, Zitronensaft zugeben und etwa 30 Minuten kochen. Zucchini, Champignons, Oliven, Tomaten und Kräuter mischen.
Öl und Essig mit Knoblauch und Kräutersalz verrühren und
unter den Salat heben. Von den gekochten Artischocken Blätter und »Heu« entfernen und die Artischockenherzen grob
gewürfelt zum Salat geben.

Zum geselligen Ritual wird die Zubereitung des Zucchini-
Artischocken-Salats, wenn wir eine Artischocke pro Person als
Vorspeise servieren, die Blätter in einen Dip (4 EL Olivenöl,
1 EL Zitronensaft oder Balsamico-Essig, Salz, Pfeffer, zerdrückte
Knoblauchzehe) tunken und genüßlich auslutschen.
Anschließend können dann alle ihr »Herz« zum Salat geben
und ihm mit dem restlichen Dip »Seele« verleihen. Zum Salat
im Hauptgang passen dunkles Vollkornbrot und Zucchini
mit Schafskäsefüllung (Rezept S. 80).

Zucchini-Lauch-Salat

2 Stangen Lauch, in dünne Streifen geschnitten
4 EL Öl
500 g Zucchini
2 EL Kräuteressig
1 Knoblauchzehe, zerdrückt
1 Bund Dill, fein gehackt
Salz
Pfeffer

Lauch in zwei Eßlöffel Öl glasig dünsten und abkühlen lassen. Zucchini längs vierteln, anschließend in dünne Scheiben schneiden und mit dem Lauch vermischen. Restliches Öl, Essig, Knoblauch und Dill mischen, mit Salz und Pfeffer würzen und unter den Salat heben.

Warmer Zucchinisalat

1 Zwiebel, fein gehackt
1 EL Butter oder Margarine
200 g Schlagsahne
1 Bund frisches Basilikum, gehackt
1 EL Zitronensaft
1 EL Balsamico-Essig
1 Spritzer Tabasco- oder Jalapeñosauce
Salz
Pfeffer
500 g kleine Zucchini, in sehr dünne Scheiben geschnitten
2 Tomaten, enthäutet und fein gewürfelt

Sanft und sahnig – ein wahrer Seelentröster an einem kalten Regentag!

Zwiebel in der Butter glasig dünsten. Sahne zugießen. Vom Basilikum einen Eßlöffel zurückbehalten, den Rest zur Sahne geben. Etwa zehn Minuten leise köcheln lassen, gelegentlich umrühren. Zitronensaft, Essig und Tabasco bzw. Jalapeñosauce zugeben und mit Salz und Pfeffer abschmecken. Zucchini und Tomaten unterheben. Vom Herd nehmen, mit dem restlichen Basilikum bestreuen und sofort servieren.

Melonen-Zucchini-Salat

*400 g Zucchini,
 in dünne Scheiben gehobelt
500 g Honigmelone,
 in kleine Würfel geschnitten
1 Zitrone, ausgepreßt
Vollrohrzucker
Salz
Pfeffer*

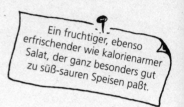

Ein fruchtiger, ebenso erfrischender wie kalorienarmer Salat, der ganz besonders gut zu süß-sauren Speisen paßt.

Zucchini, Melone und Zitronensaft vermischen, mit Zucker, Salz und Pfeffer abschmecken und den Salat gut durchziehen lassen.

Wrigley's Gartensalat

1 mittelgroße Zucchini, grob gewürfelt
1 kleine Salatgurke, grob gewürfelt
12 Cocktailtomaten
je 1 Handvoll Mangold-, Spinat- und Sauerampferblätter,
*   in 1 cm breite Streifen geschnitten*
1 Bund Zitronenmelisse, grob gehackt
1 Bund Pfefferminze, grob gehackt
1 TL Kräutersalz
2 EL Öl
1 EL Balsamico-Essig

Zucchini, Gurke, Tomaten, grüne Blätter und Kräuter mischen und den Salat mit Salz, Öl und Essig abschmecken.

Wer diesen minzigen Salat verzehrt, braucht sich um frischen Atem nicht mehr zu sorgen.

Kurztherapie

Beilagen und kleine Speisen

Türkische Zucchini-Kroketten

400 g Zucchini, fein geraspelt
*½ frische grüne Chilischote, gründlich entkernt
   und fein gehackt*
1 kleine Zwiebel, sehr fein gehackt
2 Knoblauchzehen, zerdrückt
½ TL Currypulver
2 EL Olivenöl
½ TL Weinstein-Backpulver
Salz
100 g Weizenvollkornmehl
Öl zum Braten

> Lecker als Beilage, aber auch als Vorspeise oder kleine Mahlzeit mit glattgerührtem Joghurt zum Hineintunken und genüßlichen Knabbern.

Zucchini, Chili, Zwiebel, Knoblauch, Curry und Olivenöl gut vermischen. Zum Schluß das Backpulver mit dem Mehl mischen und zusammen mit dem Salz unterrühren. Mit gut bemehlten Händen 16 tischtennisballgroße Kugeln formen und leicht flachdrücken. In heißem Öl von allen Seiten goldbraun ausbacken.

Grüne Buletten

350 g Zucchini, in Scheiben geschnitten
1 kleine Zwiebel, gehackt
1 EL Olivenöl
½ Tasse Vollkornsemmelbrösel
½ Bund Petersilie, fein gehackt
70 g Parmesan, frisch gerieben
1 Ei
Salz
Pfeffer
einige Eßlöffel Weizenvollkornmehl
Olivenöl zum Braten

Zucchini in Salzwasser etwa zehn Minuten weich kochen, gut abtropfen lassen und im Mixer oder mit dem Pürierstab pürieren. Zwiebel im Öl glasig dünsten. Zucchinimasse mit Zwiebel, Semmelbrösel, Petersilie, Käse und Ei vermischen und mit Salz und Pfeffer würzen. Nach Bedarf Mehl hinzufügen, bis ein weicher, formbarer Teig entsteht. Einige Zeit ruhen lassen. Mit nassen Fingern (sonst klebt's!) Buletten formen, in Mehl wälzen und in heißem Olivenöl von beiden Seiten goldbraun braten.

Die grünen Buletten finden auch bei Kindern großen Anklang. Sie sind vielseitig zu verwenden, z. B. mit Kräuterquark und Pellkartoffeln oder mit frischen Maiskolben und Tomatensalat.

Zucchini-Puffer

600 g Zucchini, grob geraspelt
400 g rohe, mehligkochende Kartoffeln, grob geraspelt
1 Bund Petersilie, gehackt
1 Bund Dill, gehackt
2 Eier
2 Knoblauchzehen, zerdrückt
3 EL Weizenvollkornmehl
Salz
Pfeffer
Öl zum Braten

Zucchini mit Kartoffeln, Kräutern, Eiern, Knoblauch und Mehl vermischen. Mit Salz und Pfeffer abschmecken. In reichlich heißem Öl goldbraun ausbraten. Dazu passen Kartoffelpüree und ein frischer Möhrensalat.

Ausgebackene Zucchinischeiben

3 Eier
3 TL Honig
1 TL Wasser
8 EL Weizenvollkornmehl
1 Prise Salz
750 g Zucchini, in ½ cm dünne Scheiben geschnitten
Öl zum Ausbacken

Eier schaumig schlagen, mit Honig, Wasser, Mehl und Salz verrühren und etwas ruhen lassen. Zucchinischeiben im Teig wenden und in reichlich heißem Öl goldbraun ausbacken. Der leicht süße Teig macht die gebackenen Zucchinischeiben zu einer leckeren Beilage. Dazu passen z. B. Vollkornreis, Blumenkohl und eine Käse-Kräuter-Sauce.

Glasiertes Zucchini-Gemüse

750 g kleine Zucchini
4 EL Honig
2 EL Weizenvollkornmehl
½ TL Salz
2 TL abgeriebene Schale
  einer unbehandelten Apfelsine
2 TL Butter oder Margarine
1 Apfelsine, ausgepreßt

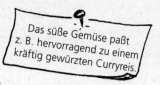

Das süße Gemüse paßt z. B. hervorragend zu einem kräftig gewürzten Curryreis.

Zucchini der Länge nach in Hälften schneiden, in wenig Salzwasser acht Minuten vorkochen und gut abtropfen lassen. Restliche Zutaten in einem kleinen Topf vermischen und unter ständigem Rühren zum Kochen bringen. Zucchinihälften mit der Schnittfläche nach oben in eine flache gefettete Auflaufform legen und mit der Sauce übergießen. Bei 180 – 200° C etwa 20 Minuten backen.

Möhren-Zucchini-Gemüse

500 g Möhren, grob geraspelt
500 g Zucchini, grob geraspelt
1 Knoblauchzehe, gehackt
2 EL Öl
2 EL Weißwein
Salz
Pfeffer

Möhren, Zucchini und Knoblauch in dem erhitzten Öl unter ständigem Rühren andünsten. Wein zugeben und weiterdünsten lassen, bis das Gemüse bißfest ist. Mit Salz und Pfeffer abschmecken.

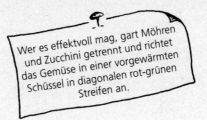

Wer es effektvoll mag, gart Möhren und Zucchini getrennt und richtet das Gemüse in einer vorgewärmten Schüssel in diagonalen rot-grünen Streifen an.

Baby-Zucchini in Tomatensauce

600 g Baby-Zucchini
1 große Zwiebel, gehackt
3 EL Olivenöl
3 EL Tomatenmark
2 Knoblauchzehen, zerdrückt
½ Bund Petersilie, gehackt
Salz
Pfeffer

Für dieses leckere Rezept aus Griechenland werden sehr kleine Zucchini bis zu 10 cm Länge im Ganzen verwendet. Dazu essen wir Naturreis und Bratlinge oder Spiegeleier.

Zucchini und Zwiebel im Öl kräftig anbraten. Tomatenmark mit Knoblauch, Petersilie und etwas Wasser vermischen und zugeben. Soviel Wasser zugießen, daß die Zucchini fast bedeckt sind. Mit Salz und Pfeffer würzen und zugedeckt etwa 20 Minuten leise köcheln lassen.

Sahniges Zucchini-Gemüse mit Dill

2 EL Butter oder Margarine
2 Zwiebeln, fein gehackt
750 g Zucchini, der Länge nach in Scheiben geschnitten
Salz
Pfeffer
1 Eigelb
2 TL Weizenvollkornmehl
200 ml Sahne
1 Bund Dill, feingehackt

Eine große Pfanne mit Butter oder Margarine einstreichen, mit Zwiebeln ausstreuen und Zucchinischeiben darüberlegen. Mit Salz und Pfeffer würzen, eine halbe Tasse Wasser angießen und zugedeckt 15 Minuten garen. Zucchinischeiben herausnehmen und in eine flache Schüssel legen. Eigelb mit Mehl und der Hälfte der Sahne verquirlen, restliche Sahne steifschlagen. Eigelbsahne in die entstandene Brühe rühren und noch einmal aufkochen lassen. Dill und geschlagene Sahne unterheben und die Sauce über die Zucchini gießen.

Erbsen-Zucchini-Gemüse mit Quark

500 g Zucchini, in Scheiben geschnitten
2 EL Butter oder Margarine
300 g Erbsen
⅛ l Gemüsebrühe
½ Bund Lauchzwiebeln,
 in schmale Ringe geschnitten
200 g Kräuterquark
Salz
Pfeffer
½ Bund Petersilie, fein gehackt

Zucchinischeiben in der Butter oder Margarine andünsten. Erbsen zugeben, Gemüsebrühe zugießen und leise köchelnd garen lassen. Das Gemüse von der Kochstelle nehmen, Zwiebeln und Quark unterrühren, mit Salz und Pfeffer abschmecken, mit Petersilie bestreuen und sofort servieren.

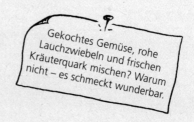

Gekochtes Gemüse, rohe Lauchzwiebeln und frischen Kräuterquark mischen? Warum nicht – es schmeckt wunderbar.

Herzhafter Zucchini-Käse-Kuchen

150 ml Schlagsahne
3 Eier
3 EL Weizenvollkornmehl
½ TL Weinstein-Backpulver
750 g Zucchini, grob geraspelt
120 g Greyerzer oder mittelalter Gouda, frisch gerieben
Salz
Pfeffer
Muskat

Sahne, Eier, Mehl und Backpulver verquirlen, Zucchini und Käse unterheben, mit Salz, Pfeffer und Muskat würzen. Den Teig in eine gefettete und mit Semmelbröseln ausgestreute Kastenform geben. Bei 180 – 200° C etwa 45 Minuten backen, Ofen ausstellen und den Kuchen etwas ruhen lassen. Vorsichtig stürzen und noch warm servieren. Dazu schmeckt ein bunter Gartensalat.

Deftiges Landbrot

300 g Weizenvollkornmehl
1 Päckchen Trockenhefe
1 TL Vollrohrzucker
1 TL Salz
1 EL Butter oder Margarine
250 ml lauwarme Buttermilch
150 g Zucchini, grob geraspelt
1 mittelgroße Zwiebel, fein gehackt
50 g Parmesan, frisch gerieben

Mehl, Hefe, Zucker und Salz vermischen, mit Butter oder Margarine und Buttermilch zu einem Teig verkneten. Zuletzt Zucchini, Zwiebel und Käse untermischen. Zugedeckt an einem warmen Ort mindestens eine Stunde gehen lassen. Mit gut bemehlten Händen nochmals durchkneten, dabei eventuell noch etwas Mehl zugeben, bis der Teig nicht mehr klebt. Den Teig zu einer Kugel geformt auf ein Backblech setzen oder in eine gefettete Kastenform geben und im leicht angewärmten Ofen eine weitere halbe Stunde gehen lassen. Bei 180 – 200° C etwa 50 Minuten backen.

Corn Bread
(Maisbrot mit Zucchini)

1 Ei
2 EL Öl
1 EL Honig
200 ml Milch
½ TL Salz
100 g Zucchini, grob geraspelt
100 g Weizenvollkornmehl
100 g Maismehl
1 ½ TL Weinstein-Backpulver

Corn Bread bleibt relativ flach und wird noch warm mit frischer Butter zu Suppen und Salaten gegessen.

Ei schaumig schlagen und mit Öl, Honig, Milch und Salz verquirlen. Zucchini untermengen. Weizenmehl, Maismehl und Backpulver mischen und nach und nach unter die Ei-Zucchini-Masse rühren. In eine gefettete Kastenform geben und bei 180 – 200° C etwa 30 Minuten backen.

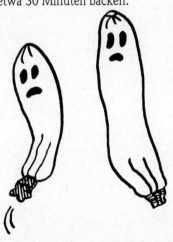

Gemüse-Brotaufstrich

1 große Zwiebel
250 g große Champignons
250 g Zucchini
4 EL Olivenöl
1 EL Balsamico-Essig
etwas Petersilie

Zwiebel und Pilze in 1 cm breite, Zucchini der Länge nach in
½ cm breite Scheiben schneiden. Ein Backblech mit zwei Eßlöffel Olivenöl bestreichen. Die Gemüsescheiben so darauf verteilen, daß sie sich möglichst wenig überlappen. Die Zwiebel-
scheiben mit dem Essig, Zucchini und Pilze mit dem restlichen
Olivenöl bepinseln. Im vorgeheizten Backofen bei 250° C
15 Minuten backen, wenden und weitere 15 Minuten bak-
ken. Im Mixer oder mit dem Pürierstab fein pürieren, mit Petersilie bestreuen und kühl stellen.

Beim Backen im Ofen entfaltet
das Gemüse genau das richtige
Aroma für diesen leckeren
Brotaufstrich, der im Kühlschrank
etwa drei Tage haltbar ist.

Gelungene Operationen

Zucchini mit verschiedenen Füllungen

Grundrezept

Gefüllte Zucchini – ein Standardgericht, das den meisten als erstes einfällt, wenn sie an das grüne Mittelmeergemüse denken.

Je nach Vorratslage und persönlichem Geschmack brauchen wir dafür zwei bis vier Zucchini. 150 g pro Person haben sich als grober Anhaltspunkt bewährt. Grüne wie gelbe Zucchini sind gleichermaßen geeignet. Besonders attraktiv sind auch gefüllte weiße »UFO-Zucchini«. Die Zucchini werden im Ganzen mit Salzwasser bedeckt fünf Minuten vorgegart, sehr große Zucchini entsprechend länger. Anschließend abgießen, etwas abkühlen lassen, der Länge nach halbieren (bei UFO-Zucchini einen Deckel abschneiden) und mit einem Fruchtausstecher aushöhlen. Nun wird die Füllung zubereitet, eingefüllt und je nach Einzelrezept im Ofen überbacken. Eine attraktive Variante besteht darin, die ganzen Zucchini in 5 –8 cm lange Stücke zu schneiden, wie Röhren auszuhöhlen und sie mit der Füllung aufrecht in einer Auflaufform zu überbacken.

Daß wir für gefüllte Zucchini kein Hackfleisch brauchen, mögen die folgenden vegetarischen Füllungen beweisen. Ob verschiedene Käse-, Gemüse-, Nüsse-, Pilze- oder Getreidesorten – der Füllungsvielfalt sind keine Grenzen gesetzt!

... mit Maisfüllung

2 – 4 Zucchini
500 g Tomaten, überbrüht und geschält
1 TL Gemüsebrüheextrakt
450 g gekochte Maiskörner
2 Zwiebeln, fein gehackt
1 Bund Schnittlauch, fein geschnitten
1 TL Kräutersalz
100 g mittelalter Gouda, grob geraspelt

Zucchini nach dem Grundrezept (S. 78) vorbereiten. Tomaten mit einer Gabel zerdrücken, mit Gemüsebrüheextrakt vermischen und in eine flache Auflaufform geben. Das herausgelöste Fruchtfleisch der Zucchini mit Mais, Zwiebel und Schnittlauch mischen und mit Kräutersalz abschmecken. In die Zucchinihälften füllen. Diese auf die Tomatensauce setzen, mit dem Käse bestreuen und bei 180 – 200° C etwa 20 Minuten überbacken.

...mit Schafskäsefüllung

2 – 4 Zucchini
100 g Schafskäse
3 EL schwarze Oliven, entkernt und gehackt
1 getrocknete, eingelegte Tomate, fein gehackt
½ Bund Basilikum, fein zerzupft
¼ l Gemüsebrühe

Zucchini nach dem Grundrezept (S. 78) vorbereiten. Das herausgelöste Fruchtfleisch zerdrücken, mit Schafskäse, Oliven, Tomate und Basilikum vermischen und in die Zucchinihälften füllen. In eine Auflaufform setzen, Brühe zugießen und bei 180 – 200° C etwa 20 Minuten überbacken.

...mit Grünkernfüllung

2 – 4 Zucchini
300 g Grünkern, grob geschrotet
½ l Gemüsebrühe
2 Zwiebeln, gehackt
2 Knoblauchzehen, zerdrückt
2 EL Butter oder Margarine
2 Eier
100 g Räucherkäse, fein gewürfelt
4 EL Petersilie, gehackt
1 TL Rosenpaprikapulver

Aus der Grünkernfüllung lassen sich übrigens auch sehr leckere Bratlinge herstellen, die gut zu Pellkartoffeln und verschiedenen Zucchinigemüsen (siehe »Beilagen und kleine Speisen«) passen.

Zucchini nach dem Grundrezept (S. 78) vorbereiten. Grünkernschrot in der Hälfte der Brühe mindestens eine halbe Stunde einweichen. Unter Umrühren aufkochen und auf der abgeschalteten Platte ausquellen und abkühlen lassen. Zwiebeln und Knoblauch in der Butter oder Margarine glasig dünsten. Grünkern mit Eiern, Zwiebeln, Käse, Kräutern und Paprikapulver mischen und in die Zucchini füllen. Gefüllte Zucchini und herausgelöstes Fruchtfleisch in eine Auflaufform geben, mit der restlichen Gemüsebrühe angießen und bei 180 – 200° C etwa 30 Minuten backen.

...mit Spinatfüllung

2 – 4 Zucchini
300 g Blattspinat, frisch oder eingefroren
3 Eigelb
250 g Ricotta oder Schichtkäse
60 g Parmesan, frisch gerieben
2 EL Semmelbrösel
2 TL Basilikum in Öl
Pfeffer
Salz
100 ml Gemüsebrühe

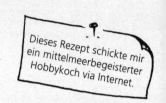

Dieses Rezept schickte mir ein mittelmeerbegeisterter Hobbykoch via Internet.

Zucchini nach dem Grundrezept (S. 78) vorbereiten. Frischen Spinat in sehr wenig Wasser kurz dünsten und zusammenfallen lassen, eingefrorenen Spinat auftauen. Die Spinatblätter fein hacken. Mit Eigelb, Ricotta bzw. Schichtkäse, Parmesan, Semmelbröseln und Basilikum mischen und mit Pfeffer und Salz abschmecken. Zucchinihälften mit der Mischung füllen und mit dem herausgelösten Fruchtfleisch in eine Auflaufform geben. Gemüsebrühe angießen und bei 200 – 220° C etwa 25 Minuten backen.

...mit Käse-Spätzle-Füllung

2 – 4 Zucchini
150 g Vollkornspätzle
1 Zwiebel, gehackt
3 Knoblauchzehen, zerdrückt
1 TL Kräuter der Provence
1 EL Butter oder Margarine
1 Tomate, überbrüht, geschält und gewürfelt
Salz
Pfeffer
½ Bund Petersilie, gehackt
200 g Emmentaler, frisch gerieben
100 ml Gemüsebrühe

Zucchini nach dem Grundrezept (S. 78) vorbereiten, Spätzle bißfest kochen. Zwiebel, Knoblauch und Kräuter der Provence in der Butter oder Margarine glasig dünsten. Tomate zugeben und noch einige Minuten weiterdünsten. Mit Salz und Pfeffer würzen, etwas abkühlen lassen und mit Nudeln, Petersilie und Käse mischen. Die vorgekochten, ausgehöhlten Zucchinihälften mit der Masse füllen und mit dem herausgelösten Fruchtfleisch in eine Auflaufform geben. Gemüsebrühe angießen und bei 200 – 220° C etwa 20 Minuten backen.

...mit Hirsefüllung

2 – 4 Zucchini
1 große Zwiebel, fein gehackt
1 Knoblauchzehe, zerdrückt
1 EL Öl
120 g Hirse
400 ml Gemüsebrühe
1 Lorbeerblatt
½ TL Currypulver
½ Bund Petersilie, fein gehackt
1 Ei
50 g Emmentaler, gerieben
Salz
Muskat

Zucchini nach dem Grundrezept (S. 78) vorbereiten. Zwiebeln und Knoblauch im Öl glasig dünsten und Hirse kurz mitdünsten lassen. 300 ml Gemüsebrühe, Lorbeerblatt und Currypulver zugeben, 15 – 20 Minuten leise köcheln und abkühlen lassen. Das Lorbeerblatt entfernen, Petersilie, Ei und Käse untermischen und mit Salz und Muskat abschmecken. Die vorgekochten, ausgehöhlten Zucchinihälften mit der Hirsemasse und dem herausgelösten Fruchtfleisch füllen und in eine Auflaufform geben. Restliche Gemüsebrühe angießen und bei 180 – 200° C etwa 30 Minuten backen.

...mit Wildreisfüllung

2 – 4 Zucchini
½ Tasse Wildreis
½ TL Fenchelsamen
3 EL Butter oder Margarine
1 mittelgroße Zwiebel, gehackt
200 g Champignons, fein gewürfelt
1 Scheibe Vollkornbrot, zerbröselt
2 EL Petersilie, fein gehackt
2 EL Fenchelgrün, fein gehackt
2 – 3 EL Schlagsahne
50 g Emmentaler oder Parmesan, frisch gerieben
Salz
Pfeffer
100 ml Gemüsebrühe

Zucchini nach dem Grundrezept (S. 78) vorbereiten. Reis mit
1 ½ Tassen Wasser, Fenchelsamen und einem Eßlöffel Butter
oder Margarine etwa 20 Minuten garen lassen. Zwiebel und
Pilze in der restlichen Butter oder Margarine dünsten. Mit
Reis, Brot, Petersilie, Fenchelgrün, Sahne und der Hälfte des
Käses vermischen. Mit Salz und Pfeffer würzen und in die
vorgekochten, ausgehöhlten Zucchinihälften füllen. In eine
gefettete Auflaufform setzen, mit dem restlichen Käse bestreu-
en, herausgelöstes Fruchtfleisch zugeben und mit Gemüsebrühe angießen. Bei 180 – 200° C etwa 30 Minuten backen.

...mit Sellerie-Walnuß-Füllung

2 – 4 Zucchini
2 mittelgroße Zwiebeln, fein gehackt
1 Knoblauchzehe, zerdrückt
4 Stengel Stangensellerie mit Blättern, fein gehackt
1 – 2 EL Öl
100 g Walnüsse, grob gehackt
2 EL Tahin (Sesammus)
1 Bund Petersilie, fein gehackt
1 Ei
Kräutersalz
Pfeffer
100 ml Gemüsebrühe
50 g Emmentaler, frisch gerieben

Zucchini nach dem Grundrezept (S. 78) vorbereiten. Zwiebeln, Knoblauch und Sellerie im Öl glasig dünsten, etwas abkühlen lassen und mit Walnüssen, Tahin, Petersilie und Ei verrühren. Mit Kräutersalz und Pfeffer abschmecken. Die vorgekochten, ausgehöhlten Zucchinihälften mit der Nuß-Gemüse-Masse füllen und mit dem herausgelösten Fruchtfleisch in eine Auflaufform setzen. Gemüsebrühe angießen und mit Käse bestreuen. Bei 180 – 200° C etwa 30 Minuten backen.

...gefüllt mit Pfifferlingen

2 – 4 Zucchini
1 Zwiebel, gehackt
150 g Pfifferlinge, grob geschnitten
1 – 2 EL Öl
½ TL Thymian
2 EL Petersilie, gehackt
1 Ei
4 EL Haferflocken
4 EL Schlagsahne
Salz
Pfeffer
100 ml Gemüsebrühe

Zucchini nach dem Grundrezept (S. 78) vorbereiten. Zwiebel und Pfifferlinge in Öl andünsten. Thymian und Petersilie dazugeben, noch einige Minuten schmoren und dann abkühlen lassen. Ei mit Haferflocken und Sahne verquirlen und mit der Pilzmischung verrühren. Mit Salz und Pfeffer würzen. Die vorgekochten, ausgehöhlten Zucchinihälften mit der Masse füllen und in eine Auflaufform setzen. Gemüsebrühe angießen und bei 180 – 200° C etwa 30 Minuten backen.

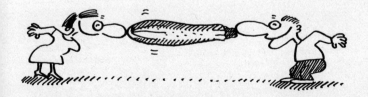

...gefüllt mit Champignons

2 – 4 Zucchini
1 Zwiebel, gehackt
1 EL Öl
125 g frische Champignons, kleingehackt
2 Handvoll Brokkoli-Röschen, kleingehackt
2 kleine Möhren, in dünne Scheiben geschnitten
2 Scheiben Räucherkäse, fein gewürfelt
1 Ei
½ Bund Petersilie oder Kerbel, grob gehackt
Kräutersalz
Pfeffer
Muskat
Thymian
100 ml Gemüsebrühe

Zucchini nach dem Grundrezept (S. 78) vorbereiten. Zwiebel im Öl dünsten, Champignons, Brokkoli und Möhren zugeben und gar dünsten. Etwas abkühlen lassen und mit dem Räucherkäse, dem Ei und den Kräutern mischen. Mit Kräutersalz, Pfeffer, Muskat und reichlich Thymian abschmecken. Die vorgekochten, ausgehöhlten Zucchinihälften mit der Masse füllen und mit dem herausgelösten Fruchtfleisch in eine Auflaufform geben. Gemüsebrühe angießen und bei 180 – 200° C etwa 30 Minuten backen.

Intensivkur

Leckere Hauptgerichte

Saftige Pizza

500 g Weizenvollkornmehl
1 Päckchen Trockenhefe
3 Eier
5 EL Olivenöl
1 TL Vollrohrzucker
1 TL Salz
6 Tomaten, überbrüht und geschält
4 EL Tomatenmark
2 Knoblauchzehen, zerdrückt
1 TL Gemüsebrüheextrakt
1 TL Kräuter der Provence
1 kg Zucchini, in Scheiben geschnitten
150 ml Milch
1 Bund Basilikum, gehackt
Salz
Pfeffer
150 g Parmesan, frisch gerieben

Mehl und Hefe mischen. Mit einem Ei, Öl, Zucker und Salz
sowie einem Viertelliter lauwarmem Wasser zu einem ge-
schmeidigen Teig verkneten. An einem warmen Ort zugedeckt
eine Stunde gehen lassen und anschließend auf einem gefetteten Backblech ausrollen. Tomaten, Tomatenmark, Knoblauch,
Gemüsebrüheextrakt und Kräuter der Provence verrühren und
auf den Hefeteig streichen. Zucchinischeiben darauf verteilen. Restliche Eier mit Milch und Basilikum verquirlen, mit
Salz und Pfeffer würzen und über die Zucchinischeiben streichen. Mit dem Käse bestreuen. Im leicht angewärmten Ofen
nochmals eine halbe Stunde gehen lassen, anschließend bei
180 – 200° C etwa 40 Minuten backen.

Pizza verkehrt

100 g grobe Vollkornsemmelbrösel
1 Knoblauchzehe, zerdrückt
1 EL Olivenöl
2 große Eier
2 EL Weizenvollkornmehl
1 ordentliche Prise Pfeffer
1 TL Basilikum, getrocknet
100 g Möhren, geraspelt
100 g Zucchini, geraspelt
80 g Pilze, feinblättrig geschnitten
80 g mittelalter Gouda, gerieben

Semmelbrösel und Knoblauch im Olivenöl etwa fünf Minuten vorsichtig rösten. Eier, Mehl, Gewürze, Möhren und Zucchini mischen, Semmelbrösel gründlich unterkneten. Teig in Pizzaform auf ein gefettetes Blech drücken und bei 180 – 200° C etwa 20 Minuten backen. Mit Pilzen und Käse bestreuen und weitere zehn Minuten backen, bis der Käse geschmolzen ist.

Pizza einmal anders: Möhren und Zucchini stecken im Semmelbröselteig, und das Ganze wird mit Pilzen und Käse überbacken. Das Rezept reicht für eine runde Pizza von etwa 30 cm Durchmesser für vier Personen mit kleinem Hunger. Für knurrende Mägen sollte die Menge verdoppelt oder verdreifacht und gleich ein ganzes Blech gebacken werden.

Röhrchennudeln mit Zucchini-Käse-Sauce

400 g Vollkorn-Röhrchennudeln
500 g Zucchini
1 Zwiebel, gehackt
2 Knoblauchzehen, zerdrückt
2 EL Butter oder Margarine
200 ml Schlagsahne
100 g Parmesan, frisch gerieben
Salz
Pfeffer
1 Bund Petersilie, gehackt

Nudeln in reichlich Salzwasser bißfest garen. Zucchini in etwa 3 cm lange, dünne Stifte schneiden. Zwiebel und Knoblauch in der Butter oder Margarine glasig dünsten. Zucchini zugeben und etwa zehn Minuten mitdünsten lassen. Inzwischen Sahne erhitzen und aufkochen lassen. Den Parmesan unter ständigem Rühren darin schmelzen lassen. Sauce mit Salz und Pfeffer würzen, Petersilie und Zucchini unterrühren und zu den Röhrchennudeln servieren.

Zucchini-Curry-Reis mit Ananas

1 Tasse Naturreis
2 EL Honig
½ TL Kurkuma (Gelbwurz), gemahlen
1 ½ TL Currypulver
2 Tassen Zucchini, grob geraspelt
1 Bund Schnittlauch, grob geschnitten
½ Tasse Rosinen
2 Tassen frische Ananas, gewürfelt

Naturreis in zwei Tassen Wasser etwa 35 Minuten oder nach Packungsvorschrift leise köchelnd quellen lassen. Honig mit Gewürzen verrühren und unter den Reis mischen. Zucchini und Schnittlauch in wenig Salzwasser fünf Minuten garen. Zum Schluß Rosinen etwa eine Minute mitkochen lassen. Abgießen und gut abtropfen lassen. Reis und Zucchinimasse vermischen und zuletzt die Ananaswürfel unterheben. Heiß servieren!

Zucchini-Mozzarella-Auflauf

1 Zwiebel, gehackt
2 Knoblauchzehen, zerdrückt
Öl
800 g Tomaten, überbrüht und geschält
1 TL Gemüsebrüheextrakt
600 g Zucchini, in ½ cm breite Scheiben geschnitten
Salz
Pfeffer
300 g Mozzarella, in dünne Scheiben geschnitten
1 Bund Basilikum, fein gehackt
100 g Parmesan, frisch gerieben

Zwiebel und Knoblauch in wenig Öl glasig dünsten. Tomaten und Gemüsebrüheextrakt dazugeben und einige Minuten köcheln. Zucchini in wenig Öl anbraten, mit Salz und Pfeffer kräftig würzen. In eine Auflaufform die Hälfte der Tomatensauce geben, darauf die Hälfte der Zucchinischeiben und abschließend die Hälfte der Mozzarellascheiben verteilen. Mit Basilikum bestreuen. In der gleichen Reihenfolge die restlichen Zutaten einschichten. Die letzte Schicht dick mit Parmesan abdecken. Bei 180 – 200° C etwa 30 Minuten backen.

Mexikanische Enchiladas

150 g Maismehl
150 g Weizenvollkornmehl
200 ml Wasser
9 EL Öl
Salz
2 Zwiebeln, gehackt
2 Fleischtomaten, überbrüht,
    geschält und gewürfelt
3 – 4 rote Chilischoten,
    entkernt und fein gehackt
500 g Zucchini, grob geraspelt
Öl zum Backen
100 g Edamer oder Emmentaler, frisch gerieben

> Bei diesem mexikanischen Gericht kommen endlich auch einmal die Freundinnen und Freunde scharfer Genüsse auf ihre Kosten. Wer's nicht so scharf mag, nimmt weniger Chilischoten. Wen es nach noch mehr Feuer gelüstet, beläßt in einem der Chilis das Kerngehäuse.

Mehl mit Wasser, fünf Eßlöffeln Öl und einem Teelöffel Salz verkneten (eventuell noch etwas Wasser dazugeben) und zugedeckt eine Stunde ruhen lassen.

Zwiebeln in drei Eßlöffeln Öl glasig dünsten, Tomaten und Chili zugeben, mit Salz abschmecken und eine Weile köcheln lassen, bis die Sauce eingedickt ist. Zucchini in einem Eßlöffel Öl etwa drei Minuten dünsten und leicht salzen. Aus dem Teig 20 tischtennisballgroße Kugeln formen und einzeln auf einer bemehlten Fläche dünn ausrollen. Die Fladen nun in heißem Öl von jeder Seite etwa eine Minute backen (bis sie hellbraune Flecken bekommen) und auf einem Teller stapeln. Die fertigen Fladen dünn mit der Tomatensauce bestreichen, mit Zucchiniraspeln belegen, zusammenrollen und nebeneinander in eine Auflaufform legen. Noch einmal dünn mit Tomatensauce bestreichen. Käse darüberstreuen und bei 180 – 200° C etwa 20 Minuten überbacken.

Zucchini exotisch

2 Zwiebeln, grob gehackt
1 große Knoblauchzehe, zerdrückt
1 TL Curry
5 EL Öl
1 kg Zucchini, in Würfel geschnitten
6 EL Weißwein
1 TL Gemüsebrüheextrakt
500 g Tomaten, geviertelt
3 EL Mangosauce oder Mangochutney
abgeriebene Schale einer Zitrone
1 Bund Zitronenmelisse, gehackt

Zwiebeln und Knoblauch mit dem Curry in Öl glasig dünsten.
Zucchini zugeben und einige Minuten weiterdünsten. Mit
Weißwein und eventuell etwas Wasser ablöschen. Gemüsebrüheextrakt unterrühren und zugedeckt etwa zehn Minuten
garen lassen. Tomaten zugeben und weitere fünf Minuten
schmoren. Mangosauce bzw. Mangochutney und Zitronenschale unterrühren. Mit Zitronenmelisse bestreuen. Dazu schmeckt
Vollkornreis oder ein herzhafter Hirsebrei.

Zucchini-Tofu-Gratin

750 g Zucchini,
  in 2 – 3 mm schmale Scheiben geschnitten
300 g Tofu
200 ml Schlagsahne
1 TL Kräutersalz
1 TL Thymian, getrocknet
Pfeffer
1 Zwiebel, fein gehackt
2 Knoblauchzehen, zerdrückt
1 Bund Petersilie, gehackt
100 g Parmesan, frisch gerieben
500 g Tomaten, in Scheiben geschnitten

> Wer möchte, kann dazu gleich ein paar neue Kartoffeln in der Schale im Ofen mitbacken lassen.

Zucchinischeiben dachziegelartig in eine breite Auflaufform schichten. Tofu mit der Sahne im Mixer oder mit dem Pürierstab pürieren, mit den Gewürzen, Zwiebel, Knoblauch, Petersilie und der Hälfte des Käses vermischen und über die Zucchini streichen. Mit den Tomaten belegen und dem restlichen Käse bestreuen. Bei 180 – 200° C etwa 40 Minuten backen.

Tomaten mit Zucchinifüllung

300 g Zucchini
300 g Hüttenkäse
Kräutersalz
Pfeffer
Bohnenkraut
8 Fleischtomaten
Gemüsebrüheextrakt
1 Knoblauchzehe, zerdrückt
100 g mittelalter Gouda, grob geraspelt

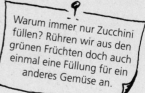

Warum immer nur Zucchini füllen? Rühren wir aus den grünen Früchten doch auch einmal eine Füllung für ein anderes Gemüse an.

Zucchini in 1 cm breite Scheiben schneiden und in wenig kochendem Salzwasser etwa zehn Minuten garen. Mit dem Schaumlöffel herausnehmen, gut abtropfen lassen und im Mixer oder mit dem Pürierstab pürieren. Mit dem Hüttenkäse vermischen und mit Kräutersalz, Pfeffer und Bohnenkraut würzen. Tomaten vom Blütenansatz befreien, Deckel abschneiden und mit einem Fruchtausstecher vorsichtig aushöhlen. Deckel und herausgelöstes Inneres im Mixer oder mit dem Pürierstab pürieren, mit Gemüsebrüheextrakt und Knoblauch mischen und in eine flache Auflaufform gießen. Tomaten mit der Zucchini-Käsemischung füllen, auf die Tomatensauce setzen und mit Gouda bestreuen. Bei 180 – 200° C etwa 20 Minuten überbacken. Dazu passen Vollkornspätzle und grüner Salat.

Grünkern-Gemüse-Pfanne

150 g Grünkern
½ l Gemüsebrühe
500 g Blumenkohl, in Röschen zerteilt
2 Zwiebeln, gehackt
2 Knoblauchzehen, gehackt
300 g Auberginen, gewürfelt
300 g Zucchini, gewürfelt
4 EL Olivenöl
500 g Tomaten, gehäutet und kleingeschnitten
Salz
Pfeffer
1 EL Kräuter der Provence

Grünkern in 400 ml Brühe aufkochen und auf kleiner Flamme zugedeckt quellen lassen. Nach zehn Minuten Blumenkohl auflegen und weitere zehn Minuten zugedeckt mitgaren lassen. Zwiebeln, Knoblauch, Auberginen und Zucchini in Öl dünsten, Tomaten und Gewürze zugeben. Grünkern, Blumenkohl und den Rest der Brühe zugießen und noch einmal zehn Minuten garen lassen. Dazu essen wir am liebsten Spiegelei und einen mit Öl, Essig, etwas Schafskäse und viel frischem Dill angemachten Knacksalat.

Grüne Lasagne

1 Möhre, fein gewürfelt
2 Stangen Staudensellerie, gehackt
1 Zwiebel, gehackt
2 Knoblauchzehen, zerdrückt
500 g Zucchini, fein gewürfelt
2 – 3 EL Olivenöl
1 Handvoll Selleriegrün oder 1 Zweig Liebstöckel, gehackt
Kräutersalz
Pfeffer
500 g Tomaten, gehäutet und kleingeschnitten
1 Tasse kräftige Gemüsebrühe
Oregano, frisch oder getrocknet
1 EL Butter oder Margarine
2 EL Weizenvollkornmehl
200 ml Milch
Muskatnuß
6 – 8 grüne Lasagneblätter (»ohne Vorkochen«)
100 g Emmentaler oder Parmesan, frisch gerieben

Gemüse in Öl gar dünsten. Selleriegrün oder Liebstöckel zugeben, mit Salz und Pfeffer würzen. Tomaten mit Gemüsebrühe aufkochen, mit Salz, Pfeffer und Oregano würzen. Für die Béchamelsauce Butter oder Margarine mit Mehl anschwitzen, Milch zugießen und unter ständigem Rühren aufkochen lassen. Mit Salz und Muskat würzen. Boden einer Auflaufform mit Tomatensauce bedecken. Abwechselnd Lasagneblätter, Gemüsemischung, Tomatensauce und Béchamelsauce einschichten. Die oberste Schicht sollte aus Sauce bestehen, so daß die Lasagneplatten gut abgedeckt sind. Mit dem Käse bestreuen und bei 180 – 200° C etwa 30 Minuten backen.

Zucchini-Hirse-Soufflé

120 g Hirse
300 ml Gemüsebrühe
2 Zwiebeln, gehackt
1 Knoblauchzehe, zerdrückt
2 EL Olivenöl
500 g Zucchini, grob geraspelt
Kräutersalz
Pfeffer
2 Eier
4 EL Quark
50 g Schafskäse

Hirse in der Gemüsebrühe aufkochen lassen, vom Feuer nehmen und 15 – 20 Minuten quellen lassen. Zwiebeln und Knoblauch in dem Öl glasig dünsten. Zucchini dazugeben und einige Minuten mitdünsten lassen. Mit Salz und Pfeffer würzen. Eier trennen. Eigelb und Quark verrühren und mit Hirse und Zucchini vermischen. Eiweiß sehr steif schlagen und unter die Zucchini-Hirse-Masse heben. In eine gefettete Auflaufform geben, Schafskäse darüberbröckeln und bei 180 – 200° C etwa 30 Minuten backen.

Nörten-Harden-Burger

2 Eier
70 g Weizenkeime
50 g mittelalter Gouda, gerieben
2 Champignons, fein gewürfelt
1 mittelgroße Zwiebel, fein gehackt
1 TL Kräuter der Provence
150 g Zucchini, grob geraspelt
Salz
Pfeffer
Öl zum Braten
4 extragroße, weiche Sesam-
    brötchen (selbst backen oder
    einen Vorrat in der Bäckerei
    bestellen und einfrieren)
Senf
Ketchup
8 Blätter Eisbergsalat
1 große Gewürzgurke, in Scheiben geschnitten
1 große Tomate, in Scheiben geschnitten

> Wie können wir unseren Kindern gesünderes Essen schmackhaft machen? Vielleicht, indem wir immer wieder einmal auf ihre Geschmacksvorlieben eingehen. Beim Zusammenstellen unseres Zucchini-Burgers können selbst kleinere Kinder schon mit Hand anlegen. Auch auf Kinder-geburtstagen hat er sich bestens bewährt. Wer einen Orts- oder Familiennamen hat, der auf -berg oder -burg endet, macht es wie wir und stiftet die Kinder an, dem Burger einen neuen Namen zu geben.

Eier schaumig rühren. Weizenkeime, Käse, Pilze, Zwiebeln, Kräuter und Zucchini untermischen und mit Salz und Pfeffer abschmecken. Vier gleich große Fladen formen und in Öl von beiden Seiten goldbraun braten. Brötchen aufschneiden, untere Hälfte mit je einem großen Klecks Senf und Ketchup bestreichen und mit jeweils zwei Salatblättern, einigen Gurken- und Tomatenscheiben sowie einem Zucchinifladen belegen. Zuletzt die obere Brötchenhälfte darüberklappen.

Angersteiner Blütentraum

500 g Vollkornnudeln
1 Zwiebel, grob gehackt
400 g kleine Zucchini, in dünne Scheiben geschnitten
1 EL Olivenöl
3 EL Butter oder Margarine
50 g Zucchiniblütenblätter
100 g Parmesankäse, frisch gerieben
Salz
Pfeffer
1 große Zucchiniblüte oder eine Handvoll andere eßbare
  Blüten (z. B. Kapuzinerkresse- oder Borretschblüten)
  zum Verzieren

Vollkornnudeln bißfest kochen. Zwiebel und Zucchini in Olivenöl und einem Eßlöffel Butter oder Margarine leicht bräunen. Restliche Butter oder Margarine zugeben, Blütenblätter vorsichtig unterheben und vom Herd nehmen. In einer großen Schüssel mit Nudeln und Käse vermischen, mit Salz und Pfeffer abschmecken und den restlichen Blüten verzieren. Sofort servieren!

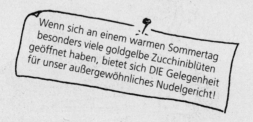

Wenn sich an einem warmen Sommertag besonders viele goldgelbe Zucchiniblüten geöffnet haben, bietet sich DIE Gelegenheit für unser außergewöhnliches Nudelgericht!

Käse-Zucchini-Makkaroni

400 g Vollkornmakkaroni
400 g Zucchini, grob geraffelt
1 Bund Petersilie, fein gehackt
2 Knoblauchzehen, zerdrückt
Kräutersalz
80 g Gouda, frisch gerieben
80 g Parmesan, frisch gerieben
4 EL Olivenöl
4 EL Milch

Makkaroni in reichlich Salzwasser bißfest kochen, Kochwasser abgießen und Makkaroni gleich wieder in den heißen Topf zurückgeben. Mit Zucchini, Petersilie und Knoblauch vermischen, mit Kräutersalz würzen und den Topf mit einem Deckel schließen. Übrige Zutaten in einem kleinen Topf erhitzen und glattrühren. Über die Nudeln geben und sofort servieren.

Eierpfannkuchen mit Zucchinifüllung

1 große Zwiebel, gehackt
4 EL Butter oder Margarine
750 g Zucchini, in dünne Scheiben geschnitten
Salz
Pfeffer
Koriander, gemahlen
4 EL Schlagsahne
100 g Gorgonzola
4 Eier
2 gehäufte EL Weizenvollkornmehl
¼ l Milch
Muskat
1 Handvoll frische Kresse

Zwiebel in der Hälfte der Butter oder Margarine glasig dünsten, Zucchini zugeben und kurz mitdünsten lassen. Mit Salz, Pfeffer und Koriander würzen. ¼ l Wasser zugeben und etwa zehn Minuten kochen lassen, Sahne und Gorgonzola unterrühren, bis der Käse ganz geschmolzen ist.

Eier, Mehl und Milch verquirlen, mit Salz und Muskat würzen und in der restlichen Butter oder Margarine vier Pfannkuchen ausbacken. Auf Teller geben, eine Hälfte mit der Zucchinifüllung belegen und die andere Hälfte darüberklappen. Mit frischer Kresse bestreuen.

Zucchini-Omelett

750 g Zucchini, in ½ cm dicke Scheiben geschnitten
4 EL Olivenöl
1 große Fleischtomate, überbrüht, geschält und gewürfelt
2 EL Dill, gehackt
Salz
Pfeffer
6 Eier
50 g Parmesankäse, frisch gerieben

In einer Pfanne Zucchinischeiben im Öl andünsten, Tomate und Dill zugeben, mit Salz und Pfeffer würzen und zugedeckt bei schwacher Hitze 15 Minuten garen lassen. Eier verquirlen, mit dem Käse mischen, über das Gemüse geben und stokken lassen.

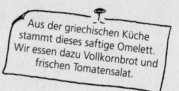

Aus der griechischen Küche stammt dieses saftige Omelett. Wir essen dazu Vollkornbrot und frischen Tomatensalat.

Fenchel-Zucchini-Platte mit Pfifferlingen

1 große Fenchelknolle
500 g Zucchini
1 große Zwiebel, grob gehackt
250 g Pfifferlinge
2 EL Öl
Salz
Pfeffer
250 ml Schlagsahne
1 EL getrockneter Thymian
½ Bund Petersilie

Aus der Fenchelknolle den Strunk entfernen, die Knolle in Salzwasser etwa 15 Minuten garen und in Würfel schneiden. Zucchini ebenfalls in Salzwasser etwa fünf Minuten kochen und in ½ cm dicke Scheiben schneiden. Zwiebel und Pfifferlinge im Öl kräftig anbraten und mit Salz und Pfeffer würzen. Sahne zugießen und solange köcheln lassen, bis die Sahne eingedickt ist. Zucchinischeiben auf eine Platte legen und Fenchelwürfel darauf verteilen. Mit Thymian bestreuen und mit Salz und Pfeffer würzen. In die Mitte die Pfifferlinge setzen und mit einem Petersiliensträußchen garnieren.

Schafskäse-Gratin

500 g frischer Schafskäse
500 g Tomaten,
  in Scheiben geschnitten
500 g Zucchini,
  in ½ cm dünne Scheiben geschnitten
3 EL Olivenöl
Salz
Pfeffer
1 EL Oregano, getrocknet

> Hierzu schmecken ein grüner Salat und Vollkornbrot.

Schafskäse in etwa 5 cm lange und ½ cm breite Scheiben schneiden. Abwechselnd mit den Tomaten- und Zucchinischeiben dachziegelartig in eine flache, breite Auflaufform schichten und mit dem Olivenöl bepinseln. Zuletzt mit Salz, Pfeffer und Oregano bestreuen und bei 180 – 200° C etwa 20 Minuten backen, bis der Käse an den Rändern leicht gebräunt ist.

Indische Gemüsepfanne

2 Tassen Naturreis
2 festkochende Kartoffeln
150 g Erbsen
250 g Zwiebeln,
   in dünne Ringe geschnitten
2 EL Öl
500 g Zucchini, in dünne Scheiben geschnitten
½ Chilischote, entkernt und fein gehackt
2 TL Currypulver
1 TL Jeera (indischer Kreuzkümmel)
1 TL Koriander, gemahlen
1 Messerspitze Masala (indische Gewürzmischung)
200 ml Gemüsebrühe
30 g ganze, ungeschälte Mandeln

Reis mit fünf Tassen Salzwasser 40 Minuten oder nach Pakkungsangabe leise köchelnd quellen lassen. Kartoffeln und Erbsen jeweils in Salzwasser garen; die gekochten Kartoffeln schälen und in Scheiben schneiden, die Erbsen abgießen und beides beiseite stellen. Zwiebelringe im Öl glasig dünsten, Zucchini und Gewürze zugeben und einige Minuten mitdünsten lassen. Gemüsebrühe angießen und das Gemüse in der geschlossenen Pfanne etwa zehn Minuten köcheln lassen. Kartoffeln, Erbsen und Mandeln unterheben und zu dem Reis servieren.

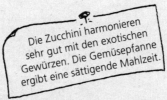

Die Zucchini harmonieren sehr gut mit den exotischen Gewürzen. Die Gemüsepfanne ergibt eine sättigende Mahlzeit.

Quiche Rot-Grün

250 g Weizenvollkornmehl
½ TL Salz
100 g Butter oder Margarine
1 Ei
5 EL kaltes Wasser
150 g Emmentaler, frisch gerieben
700 g kleine Zucchini,
    längs in schmale Scheiben geschnitten
2 rote Paprika, in feine Streifen geschnitten
Kräutersalz
Muskat
4 Eier
300 g Joghurt

Mehl, Salz und Butter oder Margarine mischen, Ei und Wasser verquirlen, zugießen und gut unterkneten. Den Teig mindestens eine Stunde an einem kühlen Ort ruhen lassen. Zwei Drittel des Teigs auf dem Boden einer gefetteten Springform verteilen, aus dem restlichen Drittel einen etwa 3 cm hohen Rand formen. Ein Drittel des Käses auf den Teigboden streuen. Die Zucchinischeiben fächerförmig darauf verteilen, die Paprikastreifen dazwischen stecken. Mit Kräutersalz und Muskat würzen und mit dem restlichen Käse bestreuen. Eier und Joghurt verquirlen und darübergießen. Bei 160 – 180° C etwa eine Stunde backen.

Saftiger Körnerauflauf

150 g Roggen
150 g Weizen
2 TL Gemüsebrüheextrakt
250 g Zucchini, in Scheiben geschnitten
½ Blumenkohl, in kleine Röschen zerteilt
2 Möhren, in Scheiben geschnitten
½ Kohlrabi, in kleine Stifte geschnitten
4 EL Olivenöl
Kräutersalz
Pfeffer
4 große Tomaten, in Scheiben geschnitten
½ Bund frischer Kerbel, gehackt
100 g Emmentaler, frisch gerieben

Roggen und Weizen mindestens zehn Stunden (oder über Nacht) in ¼ l Wasser einweichen. Getreide im Einweichwasser mit dem Gemüsebrüheextrakt 30 – 40 Minuten leise köcheln lassen, dabei nach Bedarf Wasser nachgießen. Das Gemüse im Olivenöl dünsten, gekochte Körner zugeben und mit Salz und Pfeffer würzen. In eine flache, gefettete Auflaufform streichen und mit den Tomatenscheiben belegen. Kerbel und Käse darüberstreuen und bei 180 – 200° C etwa 30 Minuten backen.

Zucchini-Fladen mit Blumenkohl und Basilikum-Käse-Quark

1 Blumenkohl
300 g Zucchini, grob geraffelt
150 g Lauch, in feine Streifen geschnitten
2 EL Butter oder Margarine
Salz
Pfeffer
4 Eier
4 gehäufte EL Weizenvollkornmehl
4 EL Milch
Öl zum Ausbacken
250 g Magerquark
150 ml Joghurt
1 Bund Basilikum
2 EL Parmesan, frisch gerieben
einige Spritzer Tabasco- oder Jalapeñosauce

Für den großen Hunger zusätzlich pro Person eine große Kartoffel im Ofen backen.

Blumenkohl in Salzwasser bißfest garen. Zucchini und Lauch in der Butter oder Margarine dünsten, mit Salz und Pfeffer würzen und abkühlen lassen. Eier verquirlen, mit Mehl und Milch mixen und mit Salz und Pfeffer würzen. Zucchini-Lauch-Mischung unter den Teig rühren und in reichlich Öl acht Fladen ausbacken. Quark mit Joghurt, Basilikum, Parmesan und scharfer Sauce verrühren und im Mixer oder mit dem Pürierstab pürieren. Fladen und Quark zum Blumenkohl servieren.

Bierteig-Doppeldecker mit Pellkartoffeln und Tomatenquark

100 ml Bier
4 gehäufte EL Weizenvollkornmehl
1 Ei
Salz
Vollrohrzucker
1 kg neue Kartoffeln
5 Tomaten, geschält und geviertelt
1 Tasse Tomatensaft
100 g Schafskäse
1 Bund Petersilie, gehackt
250 g Magerquark
Pfeffer
800 g dicke Zucchini, in ½ cm dicke Scheiben geschnitten
125 g pikanter Brotaufstrich, z. B. »Kräuterdinkel«

Als Füllung für die ausgebackenen Doppeldecker eignet sich jeder pikante Brotaufstrich.

Bier mit Mehl und Ei verquirlen, mit je ½ Teelöffel Salz und Zucker würzen und etwa 20 Minuten ruhen lassen. Kartoffeln mit der Schale 15 – 20 Minuten in Salzwasser kochen. Tomaten mit Tomatensaft, Schafskäse, Petersilie und Quark im Mixer oder mit dem Pürierstab fein pürieren, mit Salz und Pfeffer abschmecken. Zucchinischeiben mit Salz und Pfeffer bestreuen, jeweils eine Scheibe mit Aufstrich bestreichen und eine Scheibe darauflegen. Die Doppeldecker in den Bierteig tauchen und in reichlich Öl von beiden Seiten goldbraun ausbacken. Gemeinsam mit Kartoffeln und Tomatenquark servieren.

Zucchini vom Blech mit Hirsekruste

100 g Hirse
250 ml Gemüsebrühe
1 mittelgroße Zwiebel, fein gehackt
1 Knoblauchzehe, zerdrückt
Saft und 1 TL geriebene Schale
*   einer unbehandelten Zitrone*
100 g Emmentaler, frisch gerieben
1 Ei
5 EL Milch
1 TL Thymian
Salz
Pfeffer
4 EL Olivenöl
750 g Zucchini
1 EL Butter oder Margarine

> Hierzu schmeckt ein mit Balsamico-Essig, Olivenöl und frischem Basilikum angemachter Tomatensalat.

Hirse in der Gemüsebrühe 20 Minuten leise köcheln und abkühlen lassen. Mit Zwiebel, Knoblauch, Zitronenschale, Käse,
Ei und Milch mischen, mit Thymian, Salz und Pfeffer würzen. Ein Backblech mit zwei Eßlöffeln Olivenöl einfetten. Zucchini der Länge nach in 1 cm dicke Scheiben schneiden und
auf dem Backblech verteilen. Restliches Olivenöl mit Zitronensaft mischen und die Zucchinischeiben damit bepinseln.
Zuletzt die Hirsemasse aufstreichen und die Butter oder Margarine in Flöckchen aufsetzen. Bei 180 – 200° C etwa 45 Minuten backen.

Auberginen-Zucchini-Lasagne

1 kg Auberginen
500 g Zucchini
Olivenöl
300 g Tofu,
 mit der Gabel zerdrückt
300 g Hüttenkäse
150 g Mozzarella,
 sehr klein geschnitten
150 g gekochter Vollkornreis
 (vorher kochen oder als Resteverwertung)
1 TL Fenchelsamen, zerstoßen
1 TL Kräutersalz
½ TL Paprikapulver
Pfeffer
500 g Tomaten, gehäutet und kleingeschnitten
1 TL Gemüsebrüheextrakt
100 g Parmesan, frisch gerieben

> Dünne Auberginen- und Zucchinischeiben ersetzen in diesem Rezept die traditionellen Nudelplatten, während sich Tofu, Hüttenkäse, Mozzarella und Reis zu einer würzigen Füllung vereinen.

Auberginen der Länge nach in 1 cm dicke, Zucchini der Länge nach in ½ cm dicke Scheiben schneiden. Zwei Backbleche mit Olivenöl einstreichen, Gemüsescheiben darauf verteilen, mit Olivenöl bepinseln, bei 180 – 200° C 15 Minuten backen, wenden und noch einmal 15 Minuten backen. Tofu, Hüttenkäse, Mozzarella, Reis und Gewürze mischen. Tomaten erwärmen und mit Gemüsebrüheextrakt würzen. Den Boden einer ofenfesten Form mit Tomatensauce bedecken, eine Lage Gemüsescheiben darauf verteilen und mit der Tofumischung bedecken. In dieser Reihenfolge weiterschichten, bis die Zutaten aufgebraucht sind. Mit Parmesan bestreuen und bei 180 – 200° C etwa 45 Minuten backen.

Spaghetti mit Zucchinisauce

500 g Vollkornspaghetti
750 g Zucchini, grob geraspelt
1 große Zwiebel, fein gehackt
1 Knoblauchzehe, zerdrückt
2 EL Öl
1 EL Kräuter der Provence
350 ml Sahne
4 EL Tomatenmark
80 g Parmesan, frisch gerieben
Salz
Pfeffer
½ Bund Basilikum, grob zerzupft

Spaghetti in reichlich Salzwasser bißfest kochen. Zucchini, Zwiebel und Knoblauch im Öl andünsten, Kräuter der Provence und Sahne zugeben und etwa fünf Minuten leise köcheln lassen. Tomatenmark und Käse unterrühren und mit Salz und Pfeffer abschmecken. Über die Spaghetti geben und mit Basilikum bestreuen.

Mittelmeertopf à la Ursula

8 ungeschälte Knoblauchzehen
750 g Zucchini, in Scheiben geschnitten
12 Cocktailtomaten
1 Zweig Rosmarin
1 Bund Basilikum, zerzupft
4 EL Olivenöl
Salz
Pfeffer
1 Prise Vollrohrzucker
Gemüsebrüheextrakt

> Der Clou an diesem Rezept sind die ungeschält mitgekochten Knoblauchzehen. Für alle Liebhaberinnen und Liebhaber der duftenden Knolle machen sie das Gericht zu einem würzigen Gemüsetraum!

Knoblauchzehen mit wenig Wasser zehn Minuten leise köcheln lassen. Zucchini, Tomaten, Rosmarin, die Hälfte des Basilikums und das Olivenöl zugeben, mit Salz, Pfeffer und Zucker würzen, eventuell noch etwas Wasser nachgießen und wieder zum Kochen bringen. Nach zehn Minuten restliches Basilikum zugeben und weitere 10 – 15 Minuten kochen lassen. Zum Schluß mit etwas Gemüsebrüheextrakt abschmecken und mit Vollkornreis servieren.

Kurz vor dem Servieren gibt die Köchin noch ihre Spezialität hinzu: In ein nicht zu großes Glas hat sie Knoblauchstücke, milden Schafskäse in Würfeln, Pfefferkörner und reichlich Basilikum geschichtet, das Ganze mit mildem Olivenöl bedeckt und es drei Wochen an einem dunklen Ort (nicht im Kühlschrank!) durchziehen lassen. Diese duftende Mixtur träufelt sie nun mit einigen Teelöffeln über das fertige Gericht – köstlich!

Austernpilz-Zucchini-Gratin

500 g Austernpilze
1 Knoblauchzehe, zerdrückt
2 EL Butter oder Margarine
400 g Zucchini, in Scheiben geschnitten
Salz
Pfeffer
Muskat
100 ml Sahne
100 ml Milch
2 Eier
50 g Emmentaler, frisch gerieben

Austernpilze in mundgerechte Stücke schneiden und mit dem Knoblauch in der Butter oder Margarine von allen Seiten anbraten. Zucchini in kochendem Salzwasser eine Minute blanchieren und gut abtropfen lassen. Austernpilze und Zucchinischeiben in eine gefettete breite Auflaufform dachziegelartig einschichten und mit Salz, Pfeffer und Muskat würzen. Sahne, Milch, Eier und Emmentaler verquirlen und über das Gemüse gießen. Bei 180 – 200° C etwa 35 Minuten backen.

Falsche Nudeln mit Käsesauce

1 grüner Paprika, entkernt und fein gewürfelt
1 EL Öl
6 mittelgroße Zucchini
6 große Möhren
200 g Brie
2 EL saure Sahne
1 TL Zitronensaft
4 EL Milch
Salz
Pfeffer
½ Bund Petersilie, fein gehackt

Paprika im Öl weich dünsten. Zucchini und Möhren mit einem Kartoffelschälmesser in lange dünne Streifen (»Bandnudeln«) schneiden. Die Möhren- und Zucchinistreifen in getrennten Töpfen knapp mit kochendem Wasser bedecken und drei Minuten (nicht länger!) garen. Käse, saure Sahne, Zitronensaft und Milch mischen, im Mixer oder mit dem Pürierstab fein pürieren, mit Salz und reichlich Pfeffer würzen und zum Paprika geben. Käsesauce mit Paprika erhitzen und in eine flache Schüssel geben. Mit den falschen Bandnudeln vorsichtig vermengen und mit Petersilie bestreuen.

Die Schnippelei für dieses originelle Gericht ist etwas langwierig, aber der Aufwand lohnt sich. Am schnellsten kommt voran, wer jeweils ein Gemüse längs vor sich auf ein Brett legt und mit einem scharfen Kartoffelschälmesser mit schnellen, schwungvollen Bewegungen vom Körper weg einzelne Streifen abschabt.

Bunter Gemüsekuchen vom Blech

200 g Weizenvollkornmehl
1 Päckchen Trockenhefe
1 TL Vollrohrzucker
1 Prise Salz
1 TL Majoran
6 EL Öl
400 g Zwiebeln, in sehr feine Ringe geschnitten
  (am besten mit der Küchenmaschine)
½ Kohlrabi, in feine Stifte geschnitten
1 Möhre, in dünne Scheiben geschnitten
150 g Zucchini, in Scheiben geschnitten
150 g Blumenkohl, in kleine Röschen geschnitten
Pfeffer
Muskat
0,2 l Weißwein
200 g Joghurt
200 g saure Sahne
3 Eier
1 EL Weizenvollkornmehl
2 Knoblauchzehen, zerdrückt
50 g Parmesankäse, frisch gerieben

Mehl mit Hefe, Zucker, Salz, Majoran und 200 ml lauwarmem Wasser mischen. Mit der Küchenmaschine oder sehr gut bemehlten Händen vier Eßlöffel Öl unterkneten. Eventuell noch etwas Mehl zugeben (der Teig darf jedoch ruhig noch etwas kleben). Den Teig an einer warmen Stelle eine Stunde gehen lassen und anschließend auf einem gefetteten Backblech sehr dünn ausrollen.

Zwei Eßlöffel Zwiebeln für die Gemüsemischung beiseite legen. Die restlichen Zwiebeln in einem Eßlöffel Öl bei mittlerer Hitze etwa 15 Minuten weichdünsten. In einem anderen Topf die zwei Eßlöffel Zwiebeln im letzten Eßlöffel Öl zusammen mit Kohlrabi, Möhre, Zucchini und Blumenkohl andünsten und mit Salz, Pfeffer und Muskat würzen. Weißwein zugießen und etwa sieben Minuten zugedeckt garen lassen. Joghurt, saure Sahne, Eier, einen Eßlöffel Mehl und Knoblauch verquirlen und auf den Teig streichen. Die Zwiebel- und die Gemüsemischung abwechselnd in breiten diagonalen Streifen darauf verteilen und mit Parmesankäse bestreuen. Bei 180 – 200° C etwa 30 Minuten backen.

Ratatouille

1 große Zwiebel, grob gehackt
2 Knoblauchzehen, grob gehackt
4 EL Olivenöl
500 g Zucchini, gewürfelt
500 g Auberginen, gewürfelt
je 1 rote und 1 grüne Paprikaschote,
  in schmale Streifen geschnitten
500 g Tomaten, überbrüht, geschält und gewürfelt
2 TL Kräuter der Provence
Salz
Pfeffer

In einem großen Kochtopf Zwiebel und Knoblauch im Öl andünsten, Zucchini, Auberginen und Paprika zugeben und einige Minuten mitdünsten lassen. Zuletzt die Tomaten und die Kräuter unterrühren, mit Salz und Pfeffer würzen und bei mittlerer Hitze zugedeckt 25 Minuten schmoren lassen.

Zum traditionellen Gemüseeintopf aus der Provence essen wir Vollkornspätzle oder Vollkornreis.

Langzeitpflege

Eingelegtes und Eingemachtes

Antipasto

600 g Zucchini,
längs in ½ cm dünne Scheiben geschnitten
6 EL Olivenöl
4 Knoblauchzehen, gehackt
1 TL Salz
½ TL Pfeffer
½ Bund Basilikum, zerzupft
4 EL Balsamico-Essig

Zucchinischeiben portionsweise in ein bis zwei Eßlöffeln Öl leicht braun anbraten. Knoblauch, Salz und Pfeffer mischen. Zucchinischeiben lagenweise in eine breite Schüssel geben, jede Lage mit der Knoblauchmischung bestreichen, mit Basilikum bestreuen und mit etwas Essig beträufeln. Zuletzt den Rest von Öl, Essig und Basilikum darübergeben. Zugedeckt im Kühlschrank ein bis zwei Tage durchziehen lassen. Einige Stunden vor dem Servieren herausnehmen, damit sich das Aroma bei Raumtemperatur so richtig gut entfalten kann.

Als Teil einer italienischen Vorspeisenplatte, als Bestandteil eines Büffets oder als einzelne Vorspeise mit frisch aufgebackenem Vollkornbaguette gleichermaßen geeignet.

Marinierte Zucchini

600 g Zucchini, in ½ cm dünne Scheiben geschnitten
2 Zwiebeln, in dünne Ringe geschnitten
¼ l Gemüsebrühe
2 Tomaten, überbrüht, geschält und gewürfelt
2 EL Zitronensaft
Salz
Pfeffer
2 EL Öl
2 EL Kapern

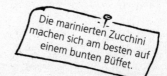

Die marinierten Zucchini machen sich am besten auf einem bunten Büffet.

Zucchinischeiben und Zwiebelringe in der Brühe fünf Minuten kochen und herausnehmen. Tomaten in die Brühe geben und etwas einkochen lassen. Mit Zitronensaft, Salz, Pfeffer, Öl und Kapern verrühren und über die Zucchini gießen. Mindestens zwei Stunden durchziehen lassen.

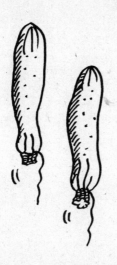

Eingelegte Zucchini

*1 kg Zucchini, in dicke Scheiben
oder grobe Stifte geschnitten
4 Knoblauchzehen, grob zerkleinert
4 Schalotten, grob zerkleinert
4 kleine getrocknete Chilischoten
1 l Weißweinessig
1 EL Thymian
1 EL Rosmarin
1 EL Dillsamen
1 EL Senfkörner
175 g Vollrohrzucker
1 EL Salz*

> Wie Gewürzgurken zu verwenden. In schönen Gläsern auch ein nettes Mitbringsel für Pickle-Fans.

Zucchini, Knoblauch, Schalotten und Chilischoten in saubere, heiß ausgespülte Gläser mit Twist-Off-Deckeln schichten. Essig mit einem Liter Wasser und den restlichen Zutaten 5 Minuten kochen und über die Zucchini gießen. Gläser abdecken und 24 Stunden ruhen lassen. Nun den Sud wieder zurück in einen Topf gießen, das Ganze noch einmal aufkochen und zurück in die Gläser geben. Die Gläser gleich verschließen. Im Kühlschrank halten sich die eingelegten Zucchini etwa sechs Monate.

Gebeizter Zucchini-Fächer

500 g Zucchini
3 EL Olivenöl
8 EL Weißwein
2 EL Zitronensaft
1 Zwiebel
50 g Fenchel
etwas Fenchelgrün
50 g Sellerie
einige Sellerieblätter
1 TL Pfefferkörner
2 Lorbeerblätter
1 EL Thymian
Salz

Besonders attraktiv als Teil eines Büffets

Zucchini im Ganzen fünf Minuten in kochendem Salzwasser blanchieren, längs in dünne Scheiben schneiden und fächerartig in eine breite, feuerfeste Schüssel legen. Restliche Zutaten mit 100 – 150 ml Wasser fünf Minuten köcheln lassen und über die Zucchini gießen. Die Schüssel auf die ausgestellte Kochplatte stellen, langsam auskühlen und mindestens 12 Stunden durchziehen lassen. Kalt mit frischem Vollkornbrot servieren.

Salsa

250 g Zucchini, grob geraspelt
50 g Zwiebeln, gehackt
1 Chili oder Peperoni, mit den Kernen fein gehackt
1 EL Salz
400 g Tomaten, überbrüht, geschält und gewürfelt
4 EL Vollrohrzucker
8 EL Essig
1 Knoblauchzehe, zerdrückt
1 TL Senfkörner
½ TL grob gemahlener Pfeffer
¼ TL Paprikapulver
¼ TL Muskat
¼ TL Cumin (Kreuzkümmel)
¼ TL Kurkuma (Gelbwurz)

Zucchini, Zwiebeln und Chili mit dem Salz vermischen und über Nacht zugedeckt ziehen lassen. In ein Sieb drücken und gut abtropfen lassen. Mit den restlichen Zutaten verrühren, 30 Minuten kochen lassen und im Mixer oder mit dem Pürierstab grob pürieren.

Ob als Dip, zu Bratlingen und Fondue oder als Sauce zu Nudeln und Reis – wer's gern so richtig schön scharf mag, findet für die mexikanische Salsa vielerlei Verwendung. Den Schärfegrad kann jede/r durch die verwendete Chilimenge selbst bestimmen. In saubere, heiß ausgespülte Gläser mit Twist-Off-Deckeln gefüllt, ist die Salsa einige Monate haltbar.

Relish

250 g Zucchini, grob geraspelt
50 g Zwiebeln, gehackt
1 grüner Paprika, fein gewürfelt
1 EL Salz
½ roter Paprika, fein gewürfelt
8 EL Vollrohrzucker
10 EL Essig
½ TL Senfkörner
¼ TL Kurkuma (Gelbwurz)
¼ TL Muskat
¼ TL grob gemahlener Pfeffer

Die würzige Paste schmeckt besonders gut zu Bratlingen und Gemüseburgern.

Zucchini, Zwiebeln und grünen Paprika mit Salz vermischen und über Nacht zugedeckt ziehenlassen. In ein Sieb drücken und gut abtropfen lassen. Mit den restlichen Zutaten verrühren, 30 Minuten kochen lassen und im Mixer oder mit dem Pürierstab grob pürieren. In saubere, heiß ausgespülte Gläser mit Twist-Off-Deckeln füllen und gut verschließen.

Apfel-Zucchini-Konfitüre

500 g saure Äpfel, fein gerieben
500 g Zucchini, fein geraspelt
1 Zitrone, ausgepreßt
400 g Vollrohrzucker
1 Päckchen Konfigel (Pektin)

Alle Zutaten in einem hohen Kochtopf mischen und unter Rühren zum Kochen bringen. Eventuell mit dem Pürierstab kurz anpürieren. Drei Minuten sprudelnd kochen lassen und dabei ständig rühren. Sofort in mit heißem Wasser ausgespülte Twist-Off-Gläser füllen. Gläser fest zudrehen, auf den Kopf stellen (damit sich ein Vakuum bildet) und abkühlen lassen.

Anna-Mai Weitz aus Kokkola in Finnland verdanke ich die beiden leckeren Konfitüre-Rezepte – eine echte Bereicherung für jeden Frühstückstisch!

Finnische Zucchini-Vogelbeeren-Konfitüre

500 g Vogelbeeren
100 ml Wasser
1 kg Zucchini, fein geraspelt
700 g Vollrohrzucker
1 ½ Päckchen Konfigel (Pektin)

Vogelbeeren im Wasser weichkochen (eventuell noch etwas Wasser nachgießen), in einem hohen Kochtopf mit Zucchini, Zucker und Konfigel mischen und unter Rühren zum Kochen bringen. Eventuell mit dem Pürierstab kurz anpürieren. Drei Minuten sprudelnd kochen und dabei ständig rühren. Sofort in mit heißem Wasser ausgespülte Twist-Off-Gläser füllen. Gläser fest zudrehen, auf den Kopf stellen (damit sich ein Vakuum bildet) und abkühlen lassen.

Vogelbeeren sind die Früchte der Eberesche (»Vogelbeerbaum«). Die in rohem Zustand gesundheitsschädlichen Beeren sind gekocht völlig unbedenklich. Aus ihnen läßt sich auch eine reine Vogelbeermarmelade kochen. In Kombination mit den Zucchini ergeben sie eine herb-süße Leckerei von wunderbar rötlich-grüner Farbe.

Zucchini süß-sauer

350 ml Essig
6 EL Honig oder Vollrohrzucker
1 TL Senfkörner
1 TL Dillsamen
½ TL Fenchelsamen
1 Prise Salz
400 g Zucchini, geschält und gewürfelt

Essig, Honig oder Zucker und Gewürze mit 150 ml Wasser mischen und zum Kochen bringen. Zucchini zugeben und köcheln lassen, bis die Zucchiniwürfel gerade glasig werden. In saubere, heiß ausgespülte Gläser mit Twist-Off-Deckeln geben, mit der Flüssigkeit übergießen und fest verschließen.

Emily's Marmalade

400 g gelbe Zucchini, grob geraspelt
600 g Orangenfruchtfleisch, kleingeschnitten
dünn abgeschälte Schale von 1 – 2 unbehandelten
　Orangen, in sehr feine Streifen geschnitten
1 Zitrone, geschält und kleingeschnitten
400 g Vollrohrzucker
1 Päckchen Konfigel (Pektin)

Alle Zutaten in einem hohen Kochtopf mischen und unter Rühren zum Kochen bringen. Eventuell mit dem Pürierstab kurz anpürieren. Drei Minuten sprudelnd kochen lassen und dabei ständig rühren. Sofort in mit heißem Wasser ausgespülte Twist-Off-Gläser füllen. Gläser fest zudrehen, auf den Kopf stellen (damit sich ein Vakuum bildet) und abkühlen lassen.

Wer die herbe englische Orangenkonfitüre mag, findet bestimmt auch an dieser Variation Gefallen. Am besten schmeckt sie mit bitteren Wildorangen, aber ganz normale Apfelsinen tun es auch. Gelbe Zucchini verleihen der »marmalade« eine besonders schöne Farbe.

Süße Nachsorge

Kuchen und Desserts

Gebackener Zucchini-Pudding

200 g Zucchini, grob geraspelt
1 Ei
3 – 4 EL Honig
1 EL Weizenvollkornmehl
200 ml Schlagsahne oder Sojamilch
1 ½ TL Zimt
½ TL Nelken, gemahlen
½ TL Salz
¼ TL Muskat, gemahlen
1 TL Ingwer, gemahlen
etwas Vanille-Sojacreme oder mit Milch
  gekochte Vanillesauce
2 EL Kakao

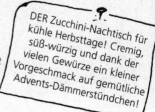

DER Zucchini-Nachtisch für kühle Herbsttage! Cremig, süß-würzig und dank der vielen Gewürze ein kleiner Vorgeschmack auf gemütliche Advents-Dämmerstündchen!

Zucchini, Ei, Honig, Mehl, Sahne oder Sojamilch und Gewürze vermischen und im Mixer oder mit dem Pürierstab fein pürieren. In eine ofenfeste Form gießen und zunächst zehn Minuten bei 250 – 270° C, dann 30 Minuten bei 180 – 200° C backen. Mit Sojacreme oder Vanillesauce bedecken und mit Kakao bestreuen.

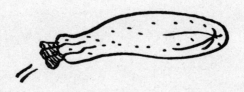

Pancakes mit Ahornsirup

2 Eier
½ TL Salz
1 Tasse Milch
1 EL Honig
1 ½ Tassen Weizenvollkornmehl
3 TL Weinstein-Backpulver
1 Tasse Zucchini, grob geraspelt
Öl zum Ausbacken
Ahornsirup

Eier schaumig schlagen, Salz, Milch und Honig unterrühren. Mehl und Backpulver mischen und einrühren. Zuletzt die Zucchiniraspeln unterheben. Löffelweise in eine Pfanne mit heißem Öl geben und zu kleinen, dicken Pfannkuchen von etwa 10 cm Durchmesser verstreichen. Wenn der Teig Blasen wirft, umdrehen und von der anderen Seite goldbraun ausbacken. Noch warm mit reichlich Ahornsirup oder frischem Kompott servieren.

Pancakes mit Ahornsirup werden in Amerika zum Frühstück verzehrt. Sie schmecken aber auch zu Tee oder Kaffee am Nachmittag oder als leckeres, sättigendes Dessert nach einer nicht allzu üppigen Mahlzeit, z. B. nach einem Salat oder einer Suppe.

Zucchini-Pie

2 Tassen Weizenvollkornmehl
1 TL Weinstein-Backpulver
1 TL Salz
⅔ Tasse Butter oder Margarine
5 – 7 EL kaltes Wasser
2 Eier
¾ Tasse Vollrohrzucker
1 ½ Tassen Zucchini, grob geraspelt
¾ Tasse Schlagsahne
¾ Tasse Milch
1 EL Weizenvollkornmehl
½ l Salz
¼ TL Muskatnuß, frisch gerieben
1 TL Ingwer, gemahlen
1 ½ TL Zimt, gemahlen
½ TL Nelken, gemahlen

Mehl, Backpulver, Salz, Butter oder Margarine und Wasser zu
einem Teig verkneten und eine Stunde an einem kühlen Ort
ruhen lassen. Zwei Drittel des Teigs auf dem Boden einer gefetteten Springform verteilen, aus dem Rest einen Rand formen. Bei 180 – 200° C etwa 20 Minuten backen. Inzwischen
die restlichen Zutaten vermischen, im Mixer oder mit dem
Pürierstab sehr fein pürieren und den vorgebackenen Teig
damit füllen. Zunächst 15 Minuten bei 200 – 220° C, dann
etwa 50 Minuten bei 175 – 180° C backen. Noch leicht warm
mit Vanilleeis und Schlagsahne servieren.

Dattel-Nuß-Schnitten

2 Eier
100 g Vollrohrzucker
1 EL Öl
1 Vanilleschote, ausgekratzt
½ TL Salz
1 TL Zimt
130 g Weizenvollkornmehl
2 ½ TL Weinsteinbackpulver
250 g Zucchini, grob geraspelt
150 g Datteln, entkernt und nicht allzu fein gehackt
80 g Walnüsse, grob gehackt
250 ml Schlagsahne

Eier schaumig rühren, mit Zucker, Öl, Vanillemark, Salz und Zimt verrühren. Mehl und Backpulver mischen und nach und nach unterschlagen. Zuletzt Zucchini, Datteln und Walnüsse unterheben. Eine viereckige, flache Kuchenform oder eine Springform einfetten und die Masse hineingießen. Bei 160 – 180° C etwa eine Stunde backen und abkühlen lassen. In portionsgerechte Stücke schneiden und mit aufgeschlagener Sahne servieren.

Amerikanischer Zucchinikuchen

3 Eier
1 Tasse Öl
2 Tassen Ahornsirup oder Honig
2 Tassen grob geraspelte Zucchini
1 Vanilleschote, ausgekratzt
4 Tassen Weizenvollkornmehl
1 Päckchen Weinstein-Backpulver
1 TL Zimt
1 TL Salz
½ Tasse Nüsse oder Mandeln, gehackt

Eier schaumig schlagen, mit Öl, Sirup oder Honig, Zucchini und Vanillemark mischen. Mehl, Backpulver, Zimt und Salz zugeben und gut verrühren. Zum Schluß die Nüsse untermischen und die cremige Masse in zwei gefettete Kastenformen füllen. Bei 170 – 190° C etwa eine Stunde backen.

Ein süßer Klassiker, der leicht zuzubereiten ist, in seiner Kastenform bequem in jede Picknicktasche paßt und als origineller Genuß an der feinen Kaffeetafel ebenso reißenden Absatz findet wie als schmackhafte Stärkung am Badesee.
Weil es so schön einfach ist, habe ich die amerikanischen Mengenangaben in Tassen beibehalten. Als Maßeinheit eignet sich jede größere Tasse oder ein kleiner Becher. Hauptsache, die Relationen stimmen!

Saftiger Zucchini-Schokoladenkuchen

120 g weiche Butter oder Margarine
3 Eier
150 g Honig
75 ml Milch
1 Vanilleschote, ausgekratzt
350 g Zucchini, grob geraspelt
300 g Vollkornweizenmehl
2 ½ TL Weinstein-Backpulver
50 g Kakao
½ TL Salz
1 TL Zimt
1 unbehandelte Apfelsine
2 EL Honig
2 EL Pistazienkerne, gehackt

Butter oder Margarine schaumig schlagen, mit Eiern, Honig, Milch, Vanillemark und Zucchini vermischen. Mehl, Backpulver, Kakao, Salz und Zimt unterrühren, den Teig in eine gefettete Springform geben und mit einem in heißes Wasser getauchten Löffel glattstreichen. Bei 180 – 200° C etwa 40 Minuten backen (Gabeltest!) und abkühlen lassen. Apfelsine auspressen. Schale zur Hälfte abreiben, zur Hälfte in dünnen Ringeln abschälen. Honig, Apfelsinensaft und abgeriebene Schale vermischen und auf den abgekühlten Kuchen streichen. Mit geringelter Schale und gehackten Pistazienkernen garnieren.

Ananas-Zucchini-Torte

3 Eier
350 g Honig
1 Vanilleschote, ausgekratzt
250 ml Öl
250 g Zucchini, geraspelt
300 g Weizenvollkornmehl
½ Päckchen Weinstein-Backpulver
1 Prise Salz
1 TL Zimt
120 g Wal- oder Haselnüsse, gehackt
80 g Rosinen
450 g frische Ananas, sehr klein geschnitten
500 g Frischkäse oder Vanille-Sojacreme
eventuell etwas Johannisbrotkernmehl
5 EL Ananas-Konfitüre
2 – 3 EL Kakao

Eier schaumig schlagen. Honig, Vanille, Öl und Zucchini unterrühren. Nach und nach Mehl, Backpulver, Gewürze, Nüsse, Rosinen und zuletzt die Ananas zugeben. In drei Springformen oder nacheinander in einer Springform bei 180 – 200° C jeweils 35 Minuten backen und auskühlen lassen. Frischkäse

und Konfitüre mischen. (Wer lieber Vanille-Sojacreme nimmt, muß die Mischung mit etwas Johannisbrotkernmehl andicken.) Einen der drei Tortenböden mit einem Drittel der Creme bestreichen, den zweiten Tortenboden auflegen und mit dem zweiten Drittel bestreichen. Zum Schluß den letzten Tortenboden auflegen und mit dem Rest der Creme bedecken. Rand mit einem in heißes Wasser getauchten Messer glattstreichen. Mit Kakao bestäuben und nach Lust und Laune mit Ananasstückchen, bunten Blüten oder Süßigkeiten garnieren.

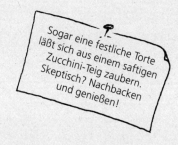

Sogar eine festliche Torte läßt sich aus einem saftigen Zucchini-Teig zaubern. Skeptisch? Nachbacken und genießen!

Möhren-Zucchini-Torte

2 Eier
120 g Vollrohrzucker
80 ml Öl
150 g Mehl
1 TL Weinstein-Backpulver
1 TL Zimt, gemahlen
½ TL Nelken, gemahlen
½ TL Piment, gemahlen
½ TL Ingwer, gemahlen
1 Prise Muskat, gemahlen
½ TL Salz
150 g Möhren, grob geraspelt
150 g Zucchini, grob geraspelt
50 g Walnüsse, grob gehackt
2 TL weiche Butter oder Margarine
100 g Frischkäse
2 EL Vollrohrzucker
½ Vanilleschote, ausgekratzt
frische Blüten oder andere bunte Köstlichkeiten
   zum Verzieren

Auch diese Torte läßt sich festlich verzieren und eignet sich hervorragend als Geburtstagsüberraschung.

Eier schaumig schlagen, nach und nach Zucker und Öl zugeben und weiterschlagen. Mehl, Backpulver und Gewürze mischen und unterrühren. Zum Schluß Möhren, Zucchini und Walnüsse unterheben und in einer gefetteten Springform bei 180 – 200° C etwa 50 Minuten backen. Butter mit Frischkäse, Zucker und Vanillemark cremig rühren und über den abgekühlten Kuchen streichen. Nach Belieben verzieren.

Zucchini-Plätzchen

1 Ei
½ Tasse Butter oder Margarine
½ Tasse Honig
1 Tasse Zucchini, grob geraspelt
1 ½ Tassen Weizenvollkornmehl
½ TL Weinstein-Backpulver
½ TL Salz
½ TL Muskat
½ TL Zimt
¼ TL Nelken, gemahlen
½ Tasse Haferflocken
1 Tasse getrocknete Aprikosen, fein gewürfelt
1 Tasse Walnüsse, gehackt
½ Tasse Kokosraspeln

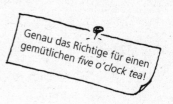

Genau das Richtige für einen gemütlichen five o'clock tea!

Ei schaumig schlagen und nach und nach alle restlichen Zutaten unterrühren. Die Masse eßlöffelweise auf ein gefettetes Backblech setzen und bei 180 – 200° C etwa 20 – 25 Minuten backen, bis die Plätzchen so richtig schön goldbraun und knusprig aussehen.

Muffins

1 Ei
50 g Vollrohrzucker
3 EL Öl
4 EL Wasser
100 g Weizenvollkornmehl
1 TL Weinstein-Backpulver
1 Prise Salz
1 Prise Muskat
120 g Zucchini, grob geraspelt
40 g Rosinen
40 g Walnüsse, gehackt oder grob gemahlen

Ei schaumig schlagen, Zucker, Öl und Wasser unterrühren. Mehl mit Backpulver mischen und unterschlagen. Zum Schluß Salz, Muskat, Zucchini, Rosinen und Walnüsse in den Teig rühren. Sechs gefettete Förmchen mit dem Teig zu etwa zwei Dritteln füllen. Bei 180 – 200° C etwa 25 Minuten backen.

> Muffins sind kleine süße Kuchen, die in Amerika zum Frühstück oder zum Kaffee gegessen werden. Es gibt spezielle Muffin-Bleche mit entsprechenden Vertiefungen für den Teig, die es auch in deutschen Haushaltsgeschäften zu kaufen gibt. Eine andere Möglichkeit besteht darin, mehrere Papierförmchen ineinander zu stecken, damit sie stabiler sind. Aber auch Pastetenförmchen oder feuerfeste Töpfchen mit ca. 5 cm Durchmesser lassen sich verwenden. Dieses Rezept reicht für sechs Muffins.

Feiner Zucchinikuchen mit Orangenlikör

120 g weiche Butter oder Margarine
100 g Vollrohrzucker
1 Vanilleschote, ausgekratzt
4 EL Orangenlikör
2 TL geriebene Schale einer unbehandelten Orange
3 Eier
150 g Zucchini, grob geraspelt
200 g Weizenvollkornmehl

Butter oder Margarine mit dem Zucker cremig schlagen. Vanillemark, Likör und Orangenschale unterrühren. Eier trennen. Eigelb nacheinander unter die Butter-Zucker-Masse schlagen. Mit den Zucchiniraspeln und dem Mehl vermischen. Eiweiß sehr steif schlagen und vorsichtig unter den Teig heben. In eine gefettete Kastenform geben und bei 180 – 200° C etwa 50 – 60 Minuten backen (Gabeltest!). Auskühlen lassen und vorsichtig stürzen.

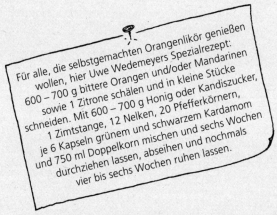

Für alle, die selbstgemachten Orangenlikör genießen wollen, hier Uwe Wedemeyers Spezialrezept: 600 – 700 g bittere Orangen und/oder Mandarinen sowie 1 Zitrone schälen und in kleine Stücke schneiden. Mit 600 – 700 g Honig oder Kandiszucker, 1 Zimtstange, 12 Nelken, 20 Pfefferkörnern, je 6 Kapseln grünem und schwarzem Kardamom und 750 ml Doppelkorn mischen und sechs Wochen durchziehen lassen, abseihen und nochmals vier bis sechs Wochen ruhen lassen.

Autorin und Illustratorin

Irmela Erckenbrecht, Jahrgang 1958, lebt bei Göttingen. Sie ist Autorin von *Querbeet – Vegetarisch kochen rund ums Gartenjahr*. Im Hauptberuf übersetzt Irmela Erckenbrecht Sach- und Kinderbücher, vor allem aber literarische Werke aus England, Irland und Nordamerika.

Renate Alf, Jahrgang 1956, lebt in Freiburg. Seit 1983 ist sie als Cartoonistin tätig und durch ihre Bücher sowie durch regelmäßig erscheinende Cartoons in vielen Tageszeitungen und Zeitschriften einem breiten Publikum bekannt.

Rezepte von A – Z

Amerikanischer Zucchinikuchen 144
Ananas-Zucchini-Torte 146
Angersteiner Blütentraum 105
Antipasto 128
Apfel-Zucchini-Konfitüre 134
Appetithäppchen 20
Artischocken mit zwei verschiedenen
    Zucchini-Dips 28
Artischocken-Zucchini-Salat 55
Auberginen-Zucchini-Lasagne 117
Ausgebackene Zucchiniblüten mit
    Ziegenkäsefüllung 25
Ausgebackene Zucchinischeiben 65
Austernpilz-Zucchini-Gratin 120

Baby-Zucchini in Tomatensauce 68
Bierteig-Doppeldecker mit Pellkartoffeln
    und Tomatenquark 115
Blütensuppe 36
Blütentraum 105
Buletten 63
Bunter Gemüsekuchen vom Blech 122
Bunter Sommersalat 50

Champignon-Zucchini-Salat 53
Champignons, Zucchini gefüllt mit 88
Corn Bread (Maisbrot mit Zucchini) 73
Curry-Reis mit Zucchini und Ananas 95

Dattel-Nuß-Schnitten 143
Deftiges Landbrot 72

Eierpfannkuchen mit Zucchinifüllung .. 107
Eingelegte Zucchini 130
Eintopf 47
Enchiladas 97
Erbsen-Zucchini-Gemüse mit Quark 70

Falsche Nudeln mit Käsesauce 121
Feiner Zucchinikuchen mit Orangenlikör 151
Fenchel-Zucchini-Platte mit Pfifferlingen 109
Finn. Zucchini-Vogelbeeren-Konfitüre .. 135
Fitneß-Drink 32

Gartensalat 59
Gazpacho (Kalte Gemüsesuppe) 43

Gebackener Zucchini-Pudding 140
Gebeizter Zucchini-Fächer 131
Gefüllte Zucchini, Grundrezept 78
Gefüllte Zucchiniblüten 22
Gemüse-Brotaufstrich 74
Gemüsekuchen vom Blech 122
Gemüsepfanne, indisch 111
Glasiertes Zucchini-Gemüse 66
Grüne Buletten 63
Grüne Lasagne 102
Grüner Kräutertrunk 30
Grüner Zucchini-Dip 28
Grünkern-Gemüse-Pfanne 101
Grünkernfüllung, Zucchini mit 81
Gurken-Zucchini-Salat 51

Herzhafter Zucchini-Käse-Kuchen 71
Hirse-Zucchini-Soufflé 103
Hirsefüllung, Zucchini mit 84

Indische Gemüsepfanne 111

Kalte Zucchini-Joghurtsuppe 40
Karins Raspelsuppe 46
Käse-Oliven-Reiter 23
Käse-Spätzle-Füllung, Zucchini mit 83
Käse-Zucchini-Makkaroni 106
Körnerauflauf 113
Kräutertrunk 30

Landbrot 72
Lasagne 102
Lauch-Zucchini-Salat 56
Leichte Zucchinisuppe 41
Linsensuppe mit Zucchini und Zitrone ... 44

Maisbrot mit Zucchini 73
Maisfüllung, Zucchini mit 79
Makkaroni mit Zucchini und Käse 106
Marinierte Zucchini 129
Marmalade 137
Martins Zucchinicreme 45
Melonen-Zucchini-Salat 58
Mexikanische Enchiladas 97
Minestrone 39
Mittelmeertopf à la Ursula 119

Möhren-Zucchini-Gemüse 67
Möhren-Zucchini-Torte 148
Morgen-Munter-Macher
   (Tomaten-Zucchini-Drink) 31
Mozzarella-Zucchini-Auflauf 96
Muffins 150

Nörten-Harden-Burger 104
Nudeln (falsche) mit Käsesauce 121
Nudeln mit Zucchini-Käse-Sauce 94

Omelett mit Zucchini 108
Orangenlikör-Zucchinikuchen 151

Pancakes mit Ahornsirup 141
Pfannkuchen mit Zucchinifüllung 107
Pfifferlinge, Zucchini gefüllt mit 87
Pie mit Zucchini 142
Pizza 92
Pizza verkehrt 93
Plätzchen mit Zucchini 149
Pudding mit Zucchini, gebacken 140

Quiche Rot-Grün 112

Raspelsuppe 46
Ratatouille 124
Reissalat 52
Relish 133
Röhrchennudeln m. Zucchini-Käse-Sauce 94
Roter Zucchini-Dip 29

Saftige Pizza 92
Saftiger Körnerauflauf 113
Saftiger Zucchini-Schokoladenkuchen .. 145
Sahniges Zucchini-Gemüse mit Dill 69
Salsa 132
Schafskäse-Gratin 110
Schafskäsefüllung, Zucchini mit 80
Schokoladen-Zucchinikuchen 145
Sellerie-Walnuß-Füllung, Zucchini mit 86
Sommersalat 50
Spaghetti mit Zucchinisauce 118
Spinat-Zucchini-Creme 37
Spinatfüllung, Zucchini mit 82
Süß-saure Zucchini 136

Tofu-Zucchini-Gratin 99
Tomaten mit Zucchinifüllung 100

Tomatensuppe mit Zucchini 42
Türkische Zucchini-Kroketten 62

Vogelbeeren-Zucchini-Konfitüre 135

Warmer Zucchinisalat 57
Weiße Blütensuppe 36
Wildreisfüllung, Zucchini mit 85
Wrigley's Gartensalat 59

Zitronen-Zucchini-Salat 54
Zucchini, eingelegt 130
Zucchini exotisch 98
Zucchini, mariniert 129
Zucchini süß-sauer 136
Zucchini vom Blech mit Hirsekruste ... 116
Zucchini-Apfel-Suppe 38
Zucchini-Artischocken-Salat 55
Zucchiniblüten, gefüllt 22
Zucchiniblüten italienisch 26
Zucchiniblüten mit Ziegenkäsefüllung ... 25
Zucchini-Chips 21
Zucchinicreme 45
Zucchini-Curry-Reis mit Ananas 95
Zucchini-Eintopf 47
Zucchini-Fächer, gebeizt 131
Zucchini-Fladen mit Blumenkohl und
   Basilikum-Käse-Quark 114
Zucchini-Gemüse, glasiert 66
Zucchini-Gemüse mit Dill 69
Zucchini-Hirse-Soufflé 103
Zucchini-Joghurtsuppe, kalt 40
Zucchini-Käse-Kuchen, herzhaft 71
Zucchini-Kroketten, türkisch 62
Zucchinikuchen, amerikanisch 144
Zucchini-Lauch-Salat 56
Zucchini-Linsensuppe mit Zitrone 44
Zucchini-Mozzarella-Auflauf 96
Zucchini-Omelett 108
Zucchini-Pie 142
Zucchini-Plätzchen 149
Zucchini-Puffer 64
Zucchinisalat, warm 57
Zucchinischeiben, ausgebacken 65
Zucchinischeiben mit Salbei 27
Zucchini-Sticks 24
Zucchinisuppe, leicht 41
Zucchini-Tofu-Gratin 99
Zucchini-Zitronen-Salat 54

Rezeptverzeichnis nach Sachgruppen

Vorspeisen
Appetithäppchen 20
Artischocken mit Zucchini-Dips 28
Ausgebackene Zucchiniblüten mit
   Ziegenkäsefüllung 25
Gefüllte Zucchiniblüten 22
Käse-Oliven-Reiter 23
Zucchiniblüten italienisch 26
Zucchini-Chips 21
Zucchinischeiben mit Salbei 27
Zucchini-Sticks 24

Getränke
Fitneß-Drink 32
Grüner Kräutertrunk 30
Morgen-Munter-Macher
   (Tomaten-Zucchini-Drink) 31

Suppen
Gazpacho (Kalte Gemüsesuppe) 43
Kalte Zucchini-Joghurtsuppe 40
Karins Raspelsuppe 46
Leichte Zucchinisuppe 41
Martins Zucchinicreme 45
Minestrone 39
Spinat-Zucchini-Creme 37
Tomatensuppe mit Zucchini 42
Weiße Blütensuppe 36
Zucchini-Apfel-Suppe 38
Zucchini-Eintopf 47
Zucchini-Linsensuppe mit Zitrone 44

Salate
Bunter Sommersalat 50
Geknofelter Zucchini-Champignon-Salat 53
Gurken-Zucchini-Salat 51
Melonen-Zucchini-Salat 58
Reissalat 52
Warmer Zucchinisalat 57
Wrigley's Gartensalat 59
Zucchini-Artischocken-Salat 55
Zucchini-Lauch-Salat 56
Zucchini-Zitronen-Salat 54

Bratlinge, Brote und Beilagen
Ausgebackene Zucchinischeiben 65

Baby-Zucchini in Tomatensauce 68
Corn Bread (Maisbrot mit Zucchini) 73
Deftiges Landbrot 72
Erbsen-Zucchini-Gemüse mit Quark 70
Gemüse-Brotaufstrich 74
Glasiertes Zucchini-Gemüse 66
Grüne Buletten 63
Herzhafter Zucchini-Käse-Kuchen 71
Möhren-Zucchini-Gemüse 67
Sahniges Zucchini-Gemüse mit Dill 69
Türkische Zucchini-Kroketten 62
Zucchini-Puffer 64

Gefüllte Zucchini
Champignonfüllung 88
Grundrezept: Gefüllte Zucchini 78
Grünkernfüllung 81
Hirsefüllung 84
Käse-Spätzle-Füllung 83
Maisfüllung 79
Pfifferlingfüllung 87
Schafskäsefüllung 80
Sellerie-Walnuß-Füllung 86
Spinatfüllung 82
Wildreisfüllung 85

Aufläufe, Soufflés und Gratins
Auberginen-Zucchini-Lasagne 117
Austernpilz-Zucchini-Gratin 120
Saftiger Körnerauflauf 113
Schafskäse-Gratin 110
Zucchini-Hirse-Soufflé 103
Zucchini-Mozzarella-Auflauf 96
Zucchini-Tofu-Gratin 99

Pfannengerichte
Eierpfannkuchen mit Zucchinifüllung ... 107
Grünkern-Gemüse-Pfanne 101
Indische Gemüsepfanne 111
Zucchini-Omelett 108

Nudeln, Pizzen und Gemüsekuchen
Angersteiner Blütentraum 105
Bunter Gemüsekuchen vom Blech 122
Grüne Lasagne 102

Käse-Zucchini-Makkaroni 106
Pizza verkehrt 93
Quiche Rot-Grün 112
Röhrchennudeln mit
    Zucchini-Käse-Sauce 94
Saftige Pizza 92
Spaghetti mit Zucchinisauce 118

Andere Hauptgerichte
Bierteig-Doppeldecker mit Pellkartoffeln
    und Tomatenquark 115
Falsche Nudeln mit Käsesauce 121
Fenchel-Zucchini-Platte mit Pfifferlingen 109
Mexikanische Enchiladas 97
Mittelmeertopf à la Ursula 119
Nörten-Harden-Burger 104
Ratatouille 124
Tomaten mit Zucchinifüllung 100
Zucchini-Curry-Reis mit Ananas 95
Zucchini exotisch 98
Zucchini-Fladen mit Blumenkohl und
    Basilikum-Käse-Quark 114
Zucchini vom Blech mit Hirsekruste 116

Mariniertes und Eingelegtes
Antipasto 128

Eingelegte Zucchini 130
Gebeizter Zucchini-Fächer 131
Marinierte Zucchini 129
Relish 133
Salsa 132
Zucchini süß-sauer 136

Konfitüren
Apfel-Zucchini-Konfitüre 134
Emily's Marmalade 137
Finn. Zucchini-Vogelbeeren-Konfitüre .. 135

Desserts
Dattel-Nuß-Schnitten 143
Gebackener Zucchini-Pudding 140
Pancakes mit Ahornsirup 141
Zucchini-Pie 142

Süße Kuchen
Amerikanischer Zucchinikuchen 144
Ananas-Zucchini-Torte 146
Feiner Zucchinikuchen mit Orangenlikör 151
Möhren-Zucchini-Torte 148
Muffins 150
Saftiger Zucchini-Schokoladenkuchen .. 145
Zucchini-Plätzchen 149

Andere Bücher aus dem pala-verlag

Auf die Frage: »Was soll ich heute bloß kochen?« antwortet Irmela Erckenbrecht mit einer Einladung zu einem Erntespaziergang durch den Garten. Das Buch enthält fast zweihundert Rezepte zur leckeren Verwertung des Erntesegens.

I. Erckenbrecht: **Querbeet**
Vegetarisch kochen rund
ums Gartenjahr
ISBN: 3-89566-114-7

Auch wer sich vollwertig ernährt, nascht gerne. Gerade im Umgang mit Kindern hilft der erhobene Zeigefinger meist auch nicht weiter. Hier gibt es Rezepte für selbstgemachte Nasch- und Knabbersachen aus gesunden Zutaten.
Mit Cartoons von Renate Alf

J. Grimm:
Vollwert-Naschereien
Süße und pikante Köstlichkeiten
ISBN: 3-923176-99-6

Rolf Goetz: **Vegetarisch kochen
– rund ums Mittelmeer**
ISBN: 3-89566-128-7

van Gisteren / Hospers:
Das Ökokochbuch
ISBN: 3-89566-133-3

Wolfgang Hertling:
Kochen mit Hirse
ISBN: 3-89566-130-9

Ute Rabe: **Dampfgaren
– vitaminschonend und köstlich**
ISBN: 3-89566-132-5

Kennen Sie unseren Kalender für den Biogarten?

Für viele ist er schon zum unentbehrlichen Begleiter durch das gesamte Gartenjahr geworden, der *Kalender für den Biogarten*. Jedes Jahr enthält er viele praktische Hinweise und Informationen zum Thema »biologisch gärtnern«.
Das Kalendarium wird ergänzt durch die Mond-Konstellationsdaten für Aussaat- und Pflanzzeiten und durch eine Reihe nützlicher Tabellen; daneben gibt es jedoch noch viel Platz für eigene Notizen. So kann aus dem Kalender schnell ein ganz persönliches Gartenbuch werden!
Mit praktischem Lesebändchen!
Gedruckt auf Recyclingpapier.

Dettmer Grünefeld (Hg.):
Kalender für den Biogarten
Mit den Mondkonstellationsdaten für Aussaat, Pflanzung und Ernte
Jedes Jahr ab August überall wo es Bücher gibt.

pala-verlag • Postfach 11 11 22 • 64226 Darmstadt